피터 싱어가 들려주는

동물 해방 이야기

피터 싱어가 들려주는

동물 해방 이야기

ⓒ 김익현, 2008

초판 1쇄 발행일 2008년 3월 27일
초판 16쇄 발행일 2023년 6월 1일

지은이   김익현
그림   문종인
펴낸이   정은영

펴낸곳   (주)자음과모음
출판등록   2001년 11월 28일 제2001-000259호
주소   10881 경기도 파주시 회동길 325-20
전화   편집부 (02)324 - 2347 경영지원부 (02)325 - 6047
팩스   편집부 (02)324 - 2348 경영지원부 (02)2648 - 1311
e-mail   jamoteen@jamobook.com

ISBN 978-89-544-1986-4 (64100)

피터 싱어가 들려주는
동물 해방 이야기

김익현 지음

㈜자음과모음

저는 이 책에서 호주의 윤리학자 피터 싱어의 '동물 해방'에 관한 이 야기를 하려고 합니다. 제목이 《피터 싱어가 들려주는 동물 해방 이야 기》인데, 어떻게 동물을 해방시키는지 궁금하다고요? 동물 해방이라고 해서 갇혀 있는 동물들을 모두 풀어 주자는 것으로 오해하면 안 됩니다. 여기서 말하는 동물 해방이란, 도덕적 고려의 대상에 동물들을 포함시 킴으로써 이제까지 관행적으로 가해졌던 차별과 학대에서 동물들을 벗 어나게 해 주자는 것입니다.

이러한 동물 해방 운동을 이론뿐 아니라 실천을 통해 주도하고 있는 철학자가 바로 피터 싱어입니다. 미국의 프린스턴대학교 철학과 생명 윤리 담당 교수인 피터 싱어는 대중적으로 잘 알려진 철학자 중 한 사람 입니다. 그 이유는 싱어가 실천 윤리학자이면서 동시에 실천가라는 점 때문이지요.

실천 윤리학, 말이 좀 어렵나요? 실천 윤리학은 특정한 영역에서 실천 가능한 구체적인 윤리 지침을 제시하는 학문이에요. 이것은 윤리의 의 미, 근거 등을 다루는 이론 윤리학과 다릅니다. 이를테면 안락사, 임신

중절, 동물 해방 등과 같은 특정 주제들을 윤리학적 탐구를 통해 나름대로 구체적인 지침을 사람들에게 제공하는 학문이라고 할 수 있어요.

　피터 싱어가 존경을 받는 이유 중의 하나는 사람들에게 구체적인 지침을 제시하는 데 그치지 않고, 몸소 그 지침에 따라 살아가는 실천가라는 데 있어요. 이를테면 싱어는 동물 해방을 위해 사람들에게 채식할 것을 권할 뿐 아니라, 스스로 채식주의자로서 살아가면서 자신의 생각을 삶 속에서 실천하는 생활을 합니다.

　하루아침에 피터 싱어를 스타 철학자로 만들어 준 것은《동물 해방》이라는 책입니다. 싱어가 29세 되던 해인 1975년에 출간된 이 책은 무려 40만 권이 판매되었으며, 9개 언어로 번역되어 출간되었답니다.

　동물에 대한 논의의 기폭제 역할을 한《동물 해방》은 동물 해방 운동가의 필독서일 뿐만 아니라 오늘날 많은 학교에서 동물의 도덕적 지위를 논할 때 교과서로 사용하고 있기도 해요. 그럼 지금부터 피터 싱어가 동물에 대해 어떤 생각을 갖고 있고, 그의 책 제목처럼 우리가 동물 해방을 위해 무엇을 해야 하는지 알아보기로 해요.

2008년 3월
김익현

C O N T E N T S

프롤로그

내 이름이 왜 '야개'인지 궁금하다고? 내 이름이 처음부터 야개였던 건 아니야. 내 얼굴이 이렇게 주름지고 못생긴 건 다 혈통 때문이라고! 내 이름은 원래 '포춘'이었어. 그곳이 어디였는지는 잘 모르겠지만, 하늘을 찌를 듯한 고층 건물의 아파트였어. 맞아! 주상 복합 아파트. 너희들 50층이 넘는 아파트 얘기 들어 봤지? 이래 봬도 내가 그곳 출신이라고. 너무 오래전 일인 데다 그때는 내가 너무 어려서 우리 엄마가 누군지는 잘 모르겠어. 그래도 내가 그 아파트에서 우유를 먹었던 때는 어렴풋이 기억이 나니까, 아마도 새끼였을 때 그 집으로 갔던 것 같아.

근데, 내가 무슨 말을 하려고 했더라? 참, 내 이름이 원래 '포춘'이었다는 말을 하려고 했던 거지? 그래, 내 이름은 나폴레옹 부인 조세핀이 길렀다는 '포춘fortune'이라는 퍼그에서 이름을 땄지. 너희들 '포춘'이라는 말의 뜻은 잘 알고 있겠지? 영어 단어인 포춘은 바로 '행운'이라는 뜻이야.

나의 주인은 아주 예쁜 젊은 아가씨였어. 바라만 보아도 기분이 좋아지는 공주 같은 아가씨……. 그런 아가씨가 나를 쓰다듬어 줄 때면 나는 마치 구름 위를 걷는 기분이었어. 50층이나 되는 아파트에 사는 일도 구름 위를 걷는 기분이긴 했지만. 털을 빗겨 주거나 손톱을 다듬어 주는 것을 그루밍이라고 해. 난 그 아가씨의 그루밍을 아주 좋아했지. 언제나 부드럽고 섬세한 손길로 나를 대했으니까. 아직도 그때를 떠올리면 행복한 기분이 느껴져…….

내가 말이 너무 많았지? 내가 좀 말이 많은 편이야. 이 많은 말 때문에 내 인생이 바뀌었다고도 할 수 있지. 그러니까 그 행운이 그리 오래가진 못했다는 거야. 아무도 내 말을 알아듣는 사람은 없었어. 나를 사랑스러워했던 그 예쁜 아가씨마나도. 그래서 나의 수다스런 말들은 모두 소음으로 들렸던 거야.

"개가 너무 짖어서 살 수가 없어요!"

이웃집에서 항의가 들어오기 시작했어. 예쁜 아가씨는 그때마다 머리가 땅에 닿을 정도로 사과를 했어. 내가 미안한 마음에 또 주저리주저리 말했더니 이번엔 경찰서에서 신고가 들어왔다며 아가씨를 불러 데리고 갔어. 나는 진심으로 미안한 마음이 들었어.

이 미안한 마음을 어떻게 말할 수 있을까? 말하지 않고 가만히 있는 게 아가씨에게 더 도움이 되었겠지만, 내 성격에 어떻게 그런 미안한 일에 가만히 있을 수 있겠어. 결국 나는 '너무 짖어 대는 개'로 낙인 찍혀, 주상 복합 아파트에서 사는 데 적합하지 않다고 어디론가 강제로 끌려 갔어.

오랫동안 차멀미를 하느라 나는 몹시 지쳐 있었지. 그렇지만 정신을 바짝 차리고 주변을 살펴보았어. 그곳은 동물 병원이었어. 동물 병원에 내가 왜 온 것일까? 예방접종은 했는데…… 나는 다른 개들에게 물어 봤어.

"너희들은 여기에 왜 왔니?"

그런데 개들은 내 물음에 대답조차 하지 않고 멀뚱멀뚱 쳐다만 보고 있는 거야.

"뭘 봐? 잡종 주제에! 난 퍼그 순종이라고……. 좀 못생겼다고 생각하니? 원래 퍼그는 이렇게 생겨야 멋있는 거야. 어쨌든 왜 아무 말도 안 하는 거야?"

그중에 마르티스가 입을 움직였어. 뭐라고 말하는 것처럼 입을 벌렸다 닫았다 했지만, 소리가 전혀 나지 않았어. 나는 뭔가 좀 이상하다고 생각했지.

"뭐야, 너…… 말을 할 수 없는 거야? 짖을 수 없는 거야? 왜 입만 움직이고 소리가 나지 않아?"

　나는 어리둥절해서 뒷걸음질을 치며 천천히 물어보았어. 그러자 답답하다는 듯이 치와와 한 마리가 말했어.

　"야, 너 정말 몰라서 묻는 거야?"

　'어라? 쟤는 말을 하네?'

　나는 정말 뭐가 뭔지 모르겠더라고. 내가 아무 말 없이 입만 쩍 벌리고 있자, 치와와가 다시 말했어.

　"너처럼 수다스런 개들은 여기 와서 모두 성대 절제 수술을 받는 거야. 성대 절제 수술을 받으면 아무리 짖어 대도 소리가 나지 않거든. 얼마나 한심하고 답답한 노릇이니?"

　"성대 절제 수술이라니? 우리가 그런 것도 받아?"

　나는 수술이라고는 한 번도 한 적이 없어. 그리고 성대 절제 수술이란 것도 처음 들어 봤지.

　"개들의 짖을 권리를 빼앗는 거 말이야. 그래도 어쩌면 성대 절제 수술이 나은 방법인지도 모르겠다. 성대를 제거해서라도 키우고 싶어 하는 주인의 마음이 기특하잖니? 나처럼 아예 팔린 경우도 있는데 뭘. 주인이 나를 동물 병원에 팔아 버렸어. 난 기꺼이 성대라도 잘라내고 주인과 살고 싶었는데……."

전에 여기에 있던 시베리안 허스키는 덩치가 크다는 이유로 잘 분양이 되지 않아 늙을 때까지 이 병원을 지키고 있었대. 늙으면 분양될 가능성은 제로 아니겠니? 그래서 사료 값만 축낸다며 병원 원장이 주사 한 방으로 안락사시켰대. 우리에게도 뭐 국회 같은 게 있으면 안락사 금지 법안이라도 만들겠구먼…… 그런 것도 없고 사람이 시키는 대로 할 수밖에 없으니…… 원! 사람들이 뭔가 우리 동물들을 위해서 그런 법안 같은 걸 만들면 안 되나?"

치와와 역시 말이 너무 많았지만, 모두 옳은 말만 하더라고. 나도 치와와의 말에 동의했어. 하기야, 안락사 금지 이전에 성대 제거 수술을 먼저 금지해야 하지 않을까? '개들에게 자유롭게 짖을 수 있는 권리를 줘라! 동물들도 행복할 권리가 있다!' 이렇게 외치고 싶었지만 그랬다간 당장 목이 잘리는 수가 있겠구나 싶어 아무 말도 할 수가 없었어. 그럼 나도 성대가 잘리기 위해 이곳에 온 걸까? 다른 누군가에게 팔리기를 기다리며 늙어 가야 하는 걸까?

나는 너무 슬펐어. 나의 예쁜 아가씨가 그렇게 배신을 할 줄은 몰랐거든. 절대 아닐 거라고 믿었지만 철창에 갇혀 있는 신세일 뿐이야. 며칠이 지났을까? 어느 날 갑자기 동물 병원 의사가 철창을 열기 시작했어. 나는 공포에 사로잡혔지.

'드디어 내 성대가 잘리거나 안락사하는 시간이 되었구나.'

나는 정신을 바짝 차렸어. 그대로 죽을 수만은 없었어. 나는 철창이 열리자마자 죽을힘을 다해 달리기 시작했어. 어짜피 이렇게 죽으나 저렇게 죽으나 마찬가지라면 죽을힘을 다해 도망쳐 보는 것이 가장 현명한 일이라고 생각했거든. 달리고, 달리고, 또 달리고……. 숨이 턱에 찰 때까지 달리고 발바닥에 땀이 날 때까지 달리고! 그래서 무작정 달리다 보니 이 동네까지 오게 된 거야.

난 너무 지쳤고 목이 말랐고 배도 고팠어. 그늘진 곳에 앉아 시원한 물을 좀 마시고 싶었어. 공원의 나무 그늘 아래로 갔어. 할머니가 "이 못생긴 개 좀 봐. 거참 희한하게 생겼네!" 하며 나를 쫓아냈어. 벤치 밑으로 기어들어 가려고 하자, 유모차에 아이를 태우고 나온 아주머니가 "으아! 깜짝이야! 어머? 우리 아기도 놀랐니? 저리 가!" 발을 굴러 나를 또 쫓아냈지. 나는 편하게 쉴만한 곳을 찾아 이리저리 헤맬 수밖에 없었어. 나는 몹시 지치고 목도 마르고 배도 고팠는데…… 그때 한 무리의 아이들이 나를 향해 달려왔어. 나는 도망칠 힘조차 없었지.

"와! 이 개 좀 봐. 진짜 못생겼다."

"어디 쓰레기장에서 왔나? 왜 저렇게 더럽냐?"

"집도, 주인도 없는 개인가 봐."

어떤 아이가 과자를 하나 던져 주었어. 나는 배가 너무 고팠기 때문에 달려들어 단숨에 먹었지. 나는 사료와 햄과 껌이 그리웠어. 애들이나 먹는 이런 과자에 내가 이렇게 비참하게 굴 줄은 나도 미처 몰랐어. 그렇지만 나는 아이들이 과자를 몇 개 더 던져 주기를 바랐지.

"야, 개! 너 이름이 뭐냐?"

"야, 개가 어떻게 말을 하냐?"

"말을 못해서가 아니라 떠돌이 개라서 이름 같은 건 없는 거야. 이 바보들아!"

아이들이 아웅다웅하는 틈에 들고 있던 과자가 쏟아 졌어. 나는 이때다 싶어 얼른 달려가 허겁지겁 과자를 먹기 시작했지.

"야, 개! 그렇게 맛있냐?"

"우리 이 개 이름을 좀 지어 줄까?"

"그래! 좋아. 이제부터 이 개를 그냥 '야개'라고 부르자. 야! 개! 이렇게 부르는 게 편하니까 그냥 야개! 어때? 괜찮지?"

'뭐? 야개? 그게 이름이야? 그냥 막 불러 대는 거지?'

나는 과자를 먹느라 아이들이 하는 말에 신경 쓸 틈이 없었어. 그저 코를 박고 과자를 핥을 뿐이었어.

"어어어어어어어!"

그때 아이들이 우르르 한꺼번에 피하면서 소리를 질렀어. 과자를 먹고 있던 나는 뒤늦게야 고개를 들었지. 뭔가 쌩하고 달려 나갔어. 자장면 배달 오토바이였어.

"깨개갱, 깽깽. 깽깽깽깽깽!"

나는 죽어라고 소리를 질렀어. 왼쪽 뒷다리가 오토바이에 부딪혀 몹시 아팠어. 아마도 뼈가 부러졌나 봐. 내가 죽어라 소리를 질러 대자 아이들이 놀랐는지 모두 사라졌어. 나는 한쪽 풀숲으로 겨우 비켜 나와 주저앉았지. 다리에서 피가 나고 있었어.

'오, 피! 오, 내 다리!'

나는 너무나 아프고 서러워서 마구 소리를 질렀어.

"멍 멍멍! 멍멍멍멍 멍! 멍멍멍멍멍멍멍! 멍! 멍멍!"

이렇게 해서 나는 떠돌이 개, '야개'가 되었어.

이익 평등 고려의 원칙

 동물 역시 인간처럼 고통을 느낀다. 동물이 인간 종에 속하지 않는다는 이유로 동물의 이해관계를 무시하는 것은 인종차별주의나 성차별주의와 다를 바 없다.

1 떠돌이 개 '야개'

한낮의 태양은 몹시 뜨겁습니다. 곧 여름방학이 시작될 테니 더울 수밖에요. 물속으로 풍덩 뛰어들고 싶은 여름 한낮입니다. 학교 수업을 마치고 아이들이 우르르 몰려나왔습니다. 아파트 단지 안에 학교가 있기 때문에 공원을 가로지르면 바로 집으로 갈 수 있습니다. 그래서 아이들은 공원을 거쳐 집으로 갔습니다. 그리 크지도 작지도 않은 공원에는 인라인 스케이트를 탈 수 있는 광장이 있고, 그 주변에는 잔디와 나무가 있습니다. 곳곳에 앉을 수 있는 정자나 벤치도 있고요. 무엇보다 그곳에 '야개'가 있지요. 아주 못생기고 더럽고 절뚝거리는 퍼그지만, 아이들이 수업을 마치고 학교에서 나오면 언제나 공원에서 아이들을 제일 먼저 반겨 주는 개입니다. 아이들은 그 개를 '야개'라고 부릅니다. 누가 먼저 '야개'라고 불렀는지는 잘 모릅니다. 어느 날 아이들이 그렇게 부르기 시작했고, 지금은 누구나 그 개를 '야개'라고 부르니 '야개'가 될 수밖에요.

개구쟁이 아이들은 다리를 다쳐 잘 뛰지 못하는 개가 우스워 일부러 쫓아내는 시늉을 하며 겁을 주기도 합니다. 반면에 몇몇 아이들은 그 개를 무척 가여워하고요. 그런데 막상 데려가 키울 생각은 아무도 하지 않습니다. 왜냐하면 야개는 못생기고 더러운 데다 다리까지 절뚝거리니까요.

수업이 먼저 끝난 아이들이 공원으로 몰려갔습니다. 아마도 야개를 보기 위함이겠지요. 나는 청소하느라 조금 늦게 지선이와 함께 공원으로 향했습니다. 아이들이 벌써 모여 있습니다. 아마도 야개와 함께 있겠지요.

"야개! 뛰어 봐!"

준하가 야개를 막대기로 찔러 보았습니다. 야개는 꼬리를 엉덩이에 바짝 붙이고 겁에 질려 벌벌 떨고 있었습니다. 막대기의 힘에 어쩔 수 없이 움직이기는 했지만 다리를 절뚝거리며 뛰지는 못했습니다.

"야개, 배고프냐? 과자 줄까?"

규원이가 야개에게 과자를 줄 듯 말 듯 했습니다. 야개는 절뚝거리며 힘겹게 과자를 향해 뛰어올랐지만 자꾸만 넘어졌습니다. 안타까운 마음에 소리쳤습니다.

"뭐하는 거야? 다리를 다친 개에게 그렇게 하면 안 돼!"

규원이가 나를 째려보았습니다.

"야개가 너희 집 개냐? 웬 참견이람."

준하가 어이없다는 듯이 말했습니다.

"아무리 말 못하는 개라고 그렇게 막 대하면 어떡해?"

옆에 있던 지선이도 한마디 거들었습니다.

"치, 괜히 참견이야. 야개! 먹어라!"

규원이는 과자를 바닥에 쏟았습니다. 야개가 달려들어 과자를 먹으려 하자 규원이가 과자를 발로 밟아 부쉈습니다. 야개는 다 부서진 과자를 먹으려고 혀를 날름거리며 애를 썼습니다. 아이들은 과자에 정신이 팔린 야개의 꼬리를 잡아당기며 뭐가 그리 재미

있는지 낑낑거렸습니다. 그 모습이 너무나 안타까웠지만 어쩔 수 없이 지켜만 보았습니다.

"정말, 너희들 그렇게 못된 짓을 할래?"

화가 난 나머지 규원이의 팔을 세게 꼬집었습니다.

"뭐야? 김윤진! 아프잖아, 왜 꼬집어? 여자라고 봐줬더니……."

"아프니? 아프지? 내가 널 꼬집으니까 아프지?"

규원이는 얼얼했던지 자기 팔을 쓰다듬었습니다.

"네가 아픈 것처럼, 야개도 너희들이 때리고 괴롭히면 아프다고! 입장 바꿔 생각해 봐. 만약 너희 몸이 불편한데 다른 사람들이 놀리고 때리면 좋겠니?"

나는 준하와 규원이에게 소리를 질렀습니다.

"윤진이 너 웃긴다! 사람하고 개하고 똑같니?"

규원이가 한심하다는 듯이 말했습니다.

"그럼, 똑같지. 아픈 걸 느끼는 건 개나 사람이나 똑같은 거 아니야? 다리가 아프니까 절뚝거리는 거고, 배고프니까 낑낑대는 거고……."

"맞아!"

지선이가 맞장구를 쳤습니다.

"그래도 개는 개고, 사람은 사람이지. 너 지금 야개와 나를 똑같이 보는 거야?"

"내가 볼 땐 너희들은 야개만도 못해. 비록 야개는 떠돌이 개지만, 적어도 우리를 물거나 겁주지는 않는다고!"

"나 참, 기가 막혀! 여자 애들이 남자 애들을 무시하고 깔보는 건 진작에 알았지만 이렇게 개 취급하는 건 정말 못 참겠다."

"이 무식한 남자 애들아! 그러니까 너희들이 야개를 괴롭히지 않으면 될 거 아니야? 역지사지란 말도 몰라? 입장 바꿔 생각하라는 뜻이야. 너희가 야개라면 기분이 어떻겠니?"

지선이가 말했습니다.

"누가 역지사지란 말도 모른대? 그래, 너희들이 야개를 불쌍하게 여기는 마음은 어느 정도 이해가 가지만, 개 입장에서 생각하라는 말은 좀 억지가 있다는 거지. 개와 사람은 다르잖아? 그리고 개가 무슨 생각이 있다고 그런 말을 하나? 괜히 잘난 척하고 싶으니까 그렇지? 너희만 착한 척하고 싶은 거지? 그러니까 여자 애들은 재미를 모른다니까!"

"개가 사람보다 더 낫다고 생각하는 것 자체도 잘못된 거야!"

"윤진이 너 참 답답하다. 그럼 개가 사람보다 더 낫다는 거야?"

"넌 어떻게 한 가지밖에 생각을 못 하니? 개가 사람보다 낫다는
뜻이 아니라 개도 똑같이 아픔을 느끼는 동물이니까 함부로 대하
면 안 된다는 뜻이야. 사람과 개를 비교하면서 시비를 걸지 말고
똑같이 아픔을 느낀다는 것으로 비교를 해야지."

"뭐가 그렇게 복잡하냐?"

"너희 남자 애들이 무식하니까 그렇지!"

"너, 그것도 편견 아니야?"

"남자는 무식하고 여자는 똑똑하냐?"

"흥, 너희들은 말이 안 통해. 어쩜 말을 그렇게 못 알아들어?"

"너희들이야 말로! 우리가 하는 일에 참견하지 좀 마!"

야개를 괴롭히는 일로 싸우는 일이 한두 번이 아닙니다. 남자 아
이들과 여자 아이들은 편을 갈라 종종 이렇게 싸우지요.

"너희한테 뭐라고 한 것도 아닌데 왜 자꾸 트집인지 모르겠다.
흥!"

규원이와 준하는 우리를 뒤로한 채 집으로 향했습니다. 지선이
와 나는 불쌍한 듯 야개를 바라보았습니다. 멀리서 규원이가 돌맹
이 하나를 집어던졌습니다. 정확하게 야개에게 맞았습니다.

"깨개갱, 깽깽깽!"

야개는 꼬리를 엉덩이에 착 붙이고 풀숲으로 달아났습니다. 야개에 대한 안쓰러운 마음과 남자 아이들에 대한 미운 마음이 교차했습니다. 지선이와 나는 집으로 무거운 발걸음을 옮겼습니다.

2 도덕적으로 생각해요

"어머! 그건 정말 너무했구나!"

저녁 식사 때 오늘 낮에 있었던 일을 말씀드리자 엄마가 얼굴을
찌푸리셨습니다.

"정말 불쌍해서 죽는 줄 알았어요."

내가 말하자 오빠가 대뜸 끼어들었습니다.

"불쌍하긴 뭐가 불쌍해? 개 팔자가 다 그렇지 뭐."

"윤석이 너 그렇게 말하면 못써."

"맞아요! 오빠 너무 인정이 없단 말이야! 어쩜 엄마 뱃속에서 같이 나왔는데 저렇게 못된 마음을 먹는지 몰라."

"윤진이 너, 오빠한테 까불래?"

"까불긴 뭘 까불어? 오빠가 말을 그렇게 하잖아, 뭐……."

"윤진이, 윤석이 둘 다 그만둬. 그러다 너희들도 싸우겠다."

엄마는 나와 오빠에게 손사래를 쳤습니다.

"음……."

갑자기 아빠가 말을 흐리셨습니다.

"왜요? 국이 짜요?"

엄마가 국물을 한 숟가락 먹어 보며 고개를 가로저었습니다.

"아니, 그게 아니고……."

아빠는 여전히 무슨 생각에 빠져 있는 것 같았습니다.

"무슨 일인데요?"

나는 궁금해서 아빠에게 여쭤 보았습니다.

"윤진이가 낮에 있었던 일을 들으니까 아빠가 한마디 하고 싶어서……."

"그래요, 아빠가 말씀해 보세요. 뭐 그까짓 개에게 장난 좀 쳤다고 그게 무슨 큰일인가요?"

오빠가 또 끼어들었습니다. 엄마가 손가락을 입술에 대며, 쉿! 하셨습니다. 아빠의 이야기를 들어 보자는 뜻이겠지요.

"윤석이나 윤진이가 개에 대해서 서로 다르게 생각하는 것은 모두 일리가 있어. 사람들의 생각은 다를 수 있으니까. 윤석이가 좋아하는 일을 윤진이가 꼭 좋아할 거라고 기대할 수는 없고, 그 반대도 마찬가지니까."

"그렇지만, 아빠! 옳지 않은 행동을 내버려 둬야 하나요?"

나는 화가 나서 말했습니다.

"그렇진 않지, 만약에 오빠가 윤진이의 생각에 옳지 않은 행동을 한다면 감정적으로 윽박지르는 방법 말고 다른 방법을 생각해 봐. 윤석이도 마찬가지고."

"그게 뭔데요?"

오빠가 아빠 곁으로 바짝 다가가 앉았습니다.

"윤석아, 혹시 인간은 이성적 존재라는 말을 들어 본 적 있니?"

"그럼요. 윤진이야 초등학생이니까 잘 모르겠지만 중학생인 전 당연히 알죠."

"나도 알아! 그런 말 나도 들어 봤다고! 뭐 오빠만 아는 줄 알고 잘난 척해?"

"또 또……."

나와 오빠의 말다툼을 엄마가 말리셨습니다.

"그래, 인간은 합리적이고 이성적으로 생각할 수 있어."

아빠는 꽤 심각해 보였습니다.

"그게, 개를 좀 놀린 것 하고 무슨 상관이 있는데요?"

"윤석이 친구 우진이라는 아이가 있다고 생각해 보자. 우진이는 윤석이를 미워하고 있어. 그런데 우진이는 윤석이를 직접적으로 괴롭히지 못해. 왜냐하면 윤석이가 똑똑하기 때문에 당해 낼 엄두가 안 나는 거지. 그런데 윤석이에게 그 무엇보다도 사랑하는 동생, 윤진이가 있어."

"에잇, 저를 미워하는 친구는 한 명도 없어요. 게다가 전 윤진이가 그다지……. 히히히!"

아빠가 말씀하시는데 오빠가 말을 끊으면서 자기 말을 합니다.

"아빠는 그냥 예를 든 거잖아? 오빠는 말을 끝까지 듣지도 않고……. 나도 오빠의 사랑 같은 건 기대하지도 않네요, 흥!"

"하하하! 어쨌든 우진이가 그 사실을 알고 윤석이 보다 힘이 약하고 방어 능력이 떨어지는 윤진에게 돌을 던졌다면 어떨까?"

"엥? 그건 너무 억울하고 분할 것 같은데요? 나는 잘못한 게 없

는데……."

나는 마치 그런 일을 실제로 당한 것처럼 화가 났습니다.

"윤석아, 우진이의 행동을 어떻게 생각해?"

"당연히 나쁜 녀석이죠. 나를 미워한다는 이유만으로 아무런 상관이 없는 윤진이를 괴롭히다니요!"

"그래 맞아. 사람이라면 누구나 즐거움을 찾고 고통은 피하려고 해. 그러니까 사람은 즐거움을 위해 살아간다고 할 수 있지. 다르게 말한다면 이것은 사람은 불필요하게 고통을 당하지 않으려 한다는 거야. 사람은 누구나 정당한 이유 없이 고통당하지 않을 최소한의 이익을 가지고 있다고 할 수 있어. 이러한 이익은 그것이 누구의 것이든 간에 평등하게 가질 수 있어. 그건 우리가 지켜야 될 중요한 도덕적 원칙이라고 할 수 있지."

"그건 당연한 말씀인 것 같아요. 나도 그렇게 생각해요."

오빠는 고개를 끄덕였습니다.

"이 원칙을 호주의 철학자 피터 싱어라는 사람은 '이익 평등 고려의 원칙'이라고 했어."

아무리 아빠가 대학에서 철학을 가르치는 교수님이라고 해도 그렇지요. 그렇게 어려운 말을 사용하면 내가 잘 알아들을 수 있나요? 나는 아빠의 말씀에 머리가 어질어질했습니다.

"이익 평등…… 무슨 원칙이요?"

"응, 우리가 도덕적이기 위해서는 우리의 판단이나 행동의 영향을 받는 모든 사람들의 이익을 평등하게 생각해서 행동해야 한다는 원칙이지. 무슨 말이냐면 나의 이익을 다른 사람의 이익보다 중요하게 여기거나, 나와 친한 사람이라고 해서 그 사람의 이익을 나와 친하지 않은 사람의 이익보다 중요하게 여겨서는 안 된다는 거야."

"그러니까 우진이가 윤진이를 괴롭힌 것은 자신의 이익만 생각했다는 거군요. 자신의 행동이 윤진이의 이익에 어떻게 평등하게 영향을 미치느냐 하는 문제는 생각하지 않고요."

오빠가 아는 체를 했습니다.

"그래! 잘 알아듣는구나. 우리 윤석이. 만약 우진이가 자신의 행동이 미칠 영향을 생각했다면 그런 일은 하지 않았을 테지."

"다시 말해서 당신 말은 나의 행동이 도덕적 행동인지 비도덕적 행동인지는, 내 행동으로 영향 받을 사람의 입장이 되어 생각해 보라는 거죠?"

엄마가 숭늉을 가져오시며 말씀하셨습니다.

"그렇지! 우리 마누라 똑똑한데?"

아빠의 칭찬에 엄마가 머쓱해하시는 것처럼 보였어요.

"역지사지요! 입장을 바꿔 생각해 보라는 말씀이시잖아요!"

나도 좀 잘난 척을 했습니다. 아빠는 "그렇지!" 하시며 무릎을 치셨습니다.

"우와! 우리 윤진이가 어떻게 그런 말을 알고 있었지? 그래, 바로 '이익 평등 고려의 원칙'은 쉽게 말하자면 역지사지의 원칙이라고 할 수 있어. 그렇다면 이익·평등을 고려해야 한다는 도덕적 원칙에 비추어 볼 때 우진이의 행동이 왜 도덕적으로 옳지 못한 행동인가를 이해할 수 있겠지?"

"네!"

오빠와 나는 동시에 대답했습니다. 참으로 오랜만에 의견이 일치했답니다.

3 모든 동물은 평등하다

"그렇다면…… 개에게 고통을 준 남자 아이들의 행동은 어떨까?"

"남자 애들은 야개의 이익을 평등하게 고려하지 않았으니까, 야개의 입장이 되어 보지 않았으니까 당연히 잘못된 행동이죠!"

나는 목소리를 높였습니다. 낮에 있었던 일이 생각나 슬그머니 화가 났습니다.

"근데, 아빠! 개는 동물이잖아요. 이성적인 존재가 아닌 동물이잖아요. 그런데 그런 걸 똑같이 적용하는 건 좀……."

오빠는 뭔가 석연치 않게 생각하는 것 같았어요.

"윤석아! '이익 평등 고려의 원칙'은 이익을 갖는 모든 존재에게 적용해야 하는 원칙이란다. 어떤 존재가 이익을 갖느냐 그렇지 않느냐의 기준은 그 존재가 이성을 가지고 있느냐 혹은 그 존재가 언어를 사용하느냐에 있지 않아. 그 기준은 바로 즐거움과 고통을 느낄 수 있느냐에 있어."

"즐거움과 고통이요?"

"그래, 즐거움과 고통을 느낄 수 있는 존재에게는 즐거움을 갖는 것이 이익이고, 고통을 당하지 않는 것이 이익이지."

"아…… 이익이 그런 의미였구나. 전 아빠가 이익이라고 해서 돈과 관련된 건 줄 알았어요."

그제야 이익이란 말이 이해가 되었습니다. 아빠는 계속 말씀하셨어요.

"그래, 이익이라는 건 즐거움이나 고통을 느낄 수 있다는 걸 말하는 거지. 다시 말하면 이익을 갖기 위한 전제 조건이 바로 즐거움과 고통을 느낄 수 있는 능력인거야. 이를테면 돌을 발로 차는 것은 나쁜 행동일까, 좋은 행동일까?"

"음…… 나쁘지도 좋지도 않은 행동인 것 같은데요?"

오빠가 대답했습니다. 나도 같은 생각이에요.

"왜?"

"돌은 고통을 느낄 수 없으니까 이익을 갖지 않을 거고, 이익을 갖지 않으니까 나쁜 행동인지 아닌지 생각할 필요도 없어요."

"그렇지만 만약 돌에 누가 맞았다면 그 사람은 고통을 느낄 수 있으니까 좋은 건 아닌 것 같아요."

나는 오빠의 설명에 덧붙여 말했습니다.

"그렇구나. 하지만 고통을 느끼는 존재라면 이익을 갖는 것이지. 그리고 그것은 평등하게 생각되어야 해."

"그럼 동물도 고통을 느낄 수 있으니까 동물에게도 그 원칙이 적용되어야 하겠네요?"

나는 야개를 떠올리며 말했습니다.

"물론이지 아빠가 지금 이야기하려고 하는 것이 바로 그거야. 이렇게 도덕적 원칙을 동물까지 확대하는 것을 아까 말했던 피터 싱어라는 사람은 '동물 해방'이라고 했어."

"동물 해방이요? 동물을 우리에서 풀어 주면 되는 건가요?"

나는 동물 농장이란 말은 들어 봤는데, 동물 해방이라고 하니까 느낌이 이상해서 물었습니다.

"그런 게 아니라 동물 해방은 동물에 대한 편견과 차별을 없애는 거야."

"그래도…… 도덕적 원칙의 적용 범위를 동물에게까지 확대하는 것은 어딘지 이상해요. 동물에게 도덕적이라니!"

오빠가 볼멘소리를 했습니다. 개에게 장난을 치는 것이 도덕적으로 비난받을 짓이라는 생각이 불만이었나 봅니다.

"윤석이가 이상하게 생각하는 것은 단순히 우리의 편견 때문이야. 이성적으로 생각했을 때 그러한 원칙을 동물에게로 확대하지 못할 이유가 있을까? 이성적으로 생각해 봐."

"당연히 동물이 고통을 받는 건 이성적으로 옳지 못한 행동이죠!"

좀 얄미울 수도 있지만 나는 오빠를 놀리듯 말했습니다.

"도덕적 고려의 대상을 동물에게까지 확대하는 것을 반대하는 태도를 싱어는 '차별주의'라고 했어."

"인간과 동물이 다르다는 것은 누구나 알고 있는 사실이에요. 다른 만큼 차별하는 것이 당연한 것 아니에요?"

오빠는 고개를 갸우뚱거리며 말했습니다.

"차별이라…… 물론 정당한 근거를 가지고 다르게 대하는 것은 차별이 아니야. 그건 구별이겠지. 동물은 인간과는 달리 이성적, 도덕적으로 판단하는 능력이 없어. 그래서 우리는 동물에게 책임을 따지지 않아. 그렇다고 인간에게 책임을 묻고 동물에게는 묻지 않는 것을 차별이라고 하지 않지. 왜냐하면 그 둘을 다르게 대하는 정당한 근거가 있기 때문에!"

"그러니까 차별주의란 내가 속한 집단과 다르다는 이유만으로 정당한 근거 없이 다른 집단을 차별하는 것을 말하는 거네요? 남자 애들이 무조건 여자 애들한테 소리 지르면서 무시하는 거 그것도 차별이지요?"

나는 남자 아이들의 행동이 분명히 정당한 근거가 없기 때문에 차별이라고 확신합니다.

"하하하, 그래! 성에 따라서 인간을 부당하게 대우하는 것도 차별이 맞아. 정확히 말하면 성차별이지."

오빠는 여전히 차별이라는 말이 머리에 쏙 들어오지 않는지 자꾸만 고개를 갸우뚱거렸답니다. 아마도 동물과 차별이 잘 연결되지 않기 때문이겠죠. 그런 오빠의 마음을 알았는지 아빠가 물었습니다.

"윤석이 인종차별이라는 말 들어 봤지?"

"네."

"인종차별이 뭐니?"

"그건 자기와 다른 인종에 속한다는 이유만으로 다른 인종에 속하는 사람들을 차별하고 학대하는 거예요. 지난번 뉴스에서 들었는데요. 가끔 미국에서는 백인 경찰이 용의자를 체포하는 과정에서 그 사람이 백인이냐 흑인이냐에 따라 폭력의 강도를 다르게 한다고 하더라고요. 그것이 바로 인종차별 아닌가요? 우리나라 사람들도 외국인을 대할 때 서양인들에겐 더 친절하면서 동양인들에겐 불친절하대요."

"윤석이가 아주 잘 알고 있구나. 인종이 달라서 차별하는 건 이익 평등 고려의 원칙을 어기고 있다고 할 수 있어."

"아빠 말씀은 충분히 알겠어요. 인종이나 성에 따라 부당하게 차별 대우해서는 안 된다는 말씀이죠? 그런데 동물은 인간이 아니니까 차별하는 게 뭐 그렇게 나쁜 일인가요?"

오빠는 아직도 동물을 도덕적 고려의 대상으로 삼는 것이 마음에 들지 않아 보였습니다.

"인종차별과 성차별은 오늘날 대부분의 사람들이 잘못된 것이라고 생각하고 있고, 지금은 예전보다 많이 나아졌지. 인종이나 성이 다르다는 이유 때문에 도덕적으로 옳으냐 그르냐 생각하지 않는단다. 노예로 일했던 흑인이나 선거권이 없었던 여성이 지금은 모두 평등한 대우를 받고 있는 것처럼, 흑인과 여성도 도덕면에서 고민해야 하는 대상이라는 건 너무 당연해. 하지만 우리가 극복해야 할 또 다른 편견이 있어."

"그게 뭔데요?"

나와 오빠는 아빠의 말에 귀를 기울였습니다.

"그것은 동물을 도덕적으로 보지 않는 오래된 편견이야. 피터 싱어의 말대로라면 인종차별과 성차별처럼 종이 다르다는 이유로 인간과 동물을 차별하는 것은 종차별이라고 할 수 있지."

종차별이라고요? 인종차별은 많이 들었는데 종차별은 처음 들어 보았습니다. 아무래도 파충류, 포유류 같은 걸 말할 때의 그 '종'인가 봅니다.

"그렇다면 동물의 이익도 인간의 이익과 마찬가지로 평등하게 고려해야 하겠지? 우리가 토끼나 돼지와 같은 동물의 이익을 무시하고 인간의 이익만 중시할 경우, 우리는 정당한 이유 없이 단지 우리와 같은 종이 아니라는 이유만으로 또 하나의 차별, 즉 종

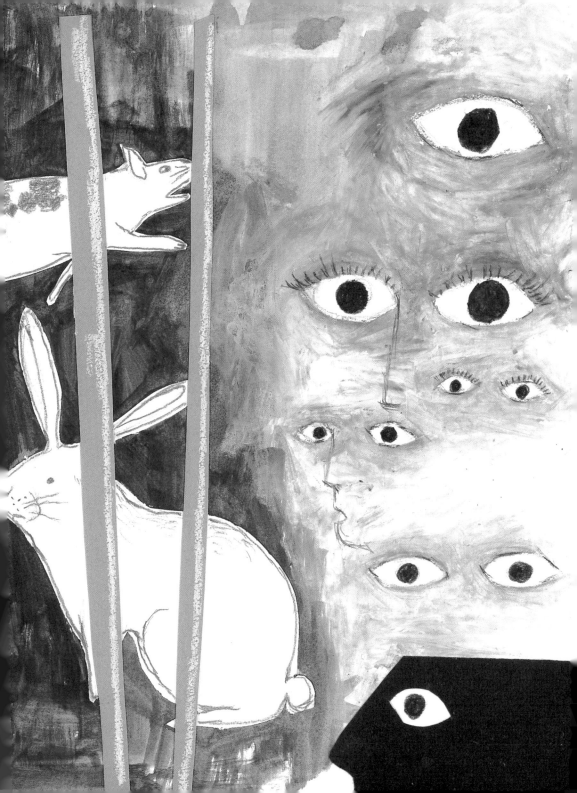

차별을 행하고 있는 것이란다. 동물도 기쁨, 슬픔, 아픔을 느낄 수 있어. 그러니까 도덕적으로 생각해 볼 수 있는 존재란다."

아빠가 길게 설명을 하셨습니다.

"아빠 말씀을 듣고 나니, 왜 야개를 괴롭히면 안 되는지 알겠어요. 야개를 괴롭히지 못하도록 남자 애들을 설득할 수도 있을 것 같아요. 야개는 아빠가 말씀하신 것처럼 고통 받지 않을 이익을 가지고 있어요. 그러니까 무시하지 말고 야개를 도덕적으로 생각해야 해요. 남자 애들이 야개를 괴롭히는 것은 잘못된 일이다! 야개의 이익을 무시하는 너희들은 종차별주의자들이다! 이렇게요. 히히."

아빠의 설명을 듣고 나니, 다음에는 남자 아이들의 코를 아주 납작하게 해 줄 방법이 생겨서 기뻤답니다.

"윤진이가 아주 잘 이해했구나."

나는 의기양양해서 오빠를 향해 쏘아붙였습니다.

"그러니까 개를 괴롭히면서 장난삼아 그럴 수 있다고 생각하는 오빠는 종차별주의자야!"

"뭐?"

오빠는 화가 나서 나를 때리려는 시늉을 했습니다.

아빠는 그런 우리를 말리면서 말씀하셨습니다.

"윤진아! 그러면 못써! 종차별은 그렇게 간단한 문제는 아니야. 사실은 윤진이를 비롯해 우리 모두 직접적 혹은 간접적으로 종차별을 하고 있단다."

"아니에요! 제가 얼마나 동물을 사랑하는데요."

나는 억울했습니다. 분명 나는 오빠와는 달리 동물을 무척 사랑하고 불쌍하게 여기거든요.

"종차별은 습관적으로 너무도 자연스럽고 넓게 행해지고 있기 때문에 윤진이나 윤석이도 무의식적으로 종차별을 하게 되는 거란다."

"아니에요, 전 맹세코 동물들을 괴롭히지 않아요. 불쌍하게만 여기는걸요……"

나는 오빠와 같은 취급당하는 것이 조금 억울했습니다.

"하하하, 그래. 그런 윤진이의 마음을 모르는 건 아니니까 그 이야기는 다음에 하면 어떨까? 또 그런 이야기를 할 수 있는 기회가 있을 것 같은데…… 아빠는 내일 세미나 준비로 할 일이 좀 있어서."

"그래 오늘은 저녁 식사 시간이 너무 길어졌네. 아빠도 쉬셔야

하니까 우리 그 얘긴 다음에 하기로 하고…… 자, 엄마 설거지 도
와줄 사람?"

　엄마의 말에 오빠는 대꾸도 없이 냉큼 자기 방으로 들어가 버렸
습니다. 나는 이러지도 저러지도 못하고 우물쭈물했습니다.

　"어쩔 수 없이 내가 해야겠네."

　엄마가 짐짓 시무룩한 표정을 지으며 말했습니다.

　"여보, 오늘은 내가 해 줄까?"

　아빠가 웃으며 말씀하셨습니다.

　"흥, 괜히 해 보는 소리! 세미나 준비해야 한다면서요. 그런 말
을 아예 하지 말고 도와주던가……. 세미나 준비해야 한다는 사
람한테 어떻게 설거지를 해 달라고 하겠어요? 나도 양심이 있는
데……."

　"그럼 우리는 이만 퇴장하자."

　아빠도 서재로 쏙 들어가셨습니다. 나는 조금 난처했습니다.

　"엄마……."

　"윤진이도 어서 양치질하고 일기나 쓰셔! 설거지는 엄마 몫인
것 같으니까!"

　엄마는 고무장갑을 끼셨어요.

"헤헤, 그럼……."

나는 얼른 욕실로 쌩~.

모든 이익을 평등하게 고려하라!

　싱어는 윤리적 판단이 보편적이어야 한다고 주장합니다. 이 말이 무슨 뜻이냐고요? 우리는 간혹 어떤 문제를 해결해야 할 때 윤리적인 부분을 생각하면서 판단해야 할 때가 있어요. 그럴 때 우리는 자신이 좋아하는 것과 그렇지 않은 것, 우리 자신에게 이익이 되는 것과 그렇지 못한 것을 염두에 두고서 주관적으로 판단을 내려서는 안 된다는 겁니다. 자, 생각해 봐요. 나에게 이익을 가져다주는 행동A와 나에게 불이익을 가져다주는 행동B 중에서 하나를 선택해야 할 경우가 있어요. 만약 윤리적인 관점을 배제하고 선택한다면 여러분은 당연히 나에게 이익을 가져다주는 행동A를 택할 거예요. 그러한 선택은 자연스러운 것이기 때문에 잘했다, 잘못했다라고 할 수는 없어요.

　하지만 윤리적 관점에서 생각한다면 여러분의 이익만을 고려하여 판단해서는 안 돼요. 왜냐하면 단지 나의 이익이라는 이유만으로 자기 이익을 다른 사람의 이익보다 더 중요하다고 생각해서는 안 되기 때문이죠. 자기 이익에 관심을 가지는 것은 자연스러운 일이에요. 그러나 윤리적으로 생각하는 한, 다른 사람의 이익도 생각할 수 있어야 해요. 다시 말해 나의 행동 때문에 영향을 받게 될 모든 사람들의 이익을 생각해야 하죠.

　이렇게 본다면 피터 싱어는 공리주의자라고 할 수 있어요. 왜냐하면 공리주의란 하나의 행위를 선택할 경우, 그 행위에 의해 영향을 받는 모든 사람들의 쾌락(바라는 것을 이루는 것=이익)을 증진시키고, 고통을 감소시키는 행위를 선택할 것을 요구하는 윤리적 입장이기 때문이죠. 이 경우 모든 사람의 쾌락 혹은 이익을 측정해야 하는데, 이때 이익은 단순히 '이익 일반'이어야 해요. 이 말은 이익은 그것이 누구의 이익이든 평등하게 고려해야 한다는 것이에요. 나의 이익이나 나와 친한 사람의 이익이라고 해서 다른 사람들의 이익을 그보다 덜 고려해서는 안 된다는 거죠. 이렇게 나의 행동에 영향을 받는 모든 사람들의 이익을 평등하게 생각하면서 행동해야 한다는 원칙을 피터 싱어는 '이익 평등 고려의 원칙'이라고 불렀습니다.

　공리주의자 벤담의 영향을 받은 피터 싱어는 이 원칙의 적용 범위를 이익을 갖는 모든 존재까지 확대할 것을 요구합니다. 그런데 쾌락과 고통을 느끼는 능력을 갖추고 있는 존재는 모두 이익을 가지고 있어요. 이를테면 우리가 길가의 돌을 발로 찼다고 해서 돌의 이익이 훼손되었다고는 할 수 없어요. 왜냐하면 돌은 고통을 느낄 수 없기 때문에 훼손될 이익 자체가 존재하지 않는 것이죠. 그러나 개는 발로 차이지 않을 이익을 갖고 있어요. 왜냐하면 발로 차일 경우 개는 고통을 느끼기 때문이에요.

　이렇게 볼 때 동물도 고통과 쾌락을 느끼는 능력을 지니고 있는 한, 고통을 받지 않을 최소한의 이익을 가지고 있어요. 따라서 이익 평등 고려의 원칙이 적용되는, 다시 말해서 도덕적 고려의 대상에서 제외될 이유가 없는 것이죠. 우리는 고통과 쾌락을 느끼는 모든 존재의 고통을 동등하게 도덕적으로 고려해야 할 책임이 있답니다.

　피터 싱어는 이런 상황에서도 동물을 도덕적 고려의 대상에서 제외하는 태도를 종차별주의라고 부르고 있어요. 종차별주의란 자기가 속해 있는 종의 이익을 옹호하면서 다른 종의 이익을 정당한 근거 없이 배척

하는 편견 내지 왜곡된 태도를 말해요.

요약하면 싱어는 인간이든 동물이든 고통의 양이 동일할 경우, 그 고통은 평등하게 고려되어야 한다는 것이죠. 물론 고통을 비교하는 것은 매우 어려워요. 특히 서로 다른 종의 고통을 비교하는 것은 더욱 그렇죠. 그러나 동물들의 고통에 관심을 갖고 인간의 오락이나 편의 혹은 기호를 위해 동물들에게 심각한 고통을 주는 우리의 태도만 바꿔도 세상은 달라지지 않을까요?

싱어는 이렇게 말하고 있습니다.

"우리의 식생활, 동물들의 사육 방식, 과학에서의 실험 절차, 야생 생물과 사냥, 덫, 모피, 그리고 서커스, 로데오, 동물원에 대한 우리의 태도를 변화시켜야 한다. 우리의 태도가 변한다면, 고통의 양은 엄청나게 줄어들 것이다."

편견이 저지른 일들

2

 인간의 생명만이 무조건 존엄하다는 인간 중심주의에서 벗어나,
삶의 질에 기초한 윤리를 중요시해야 한다.

1 신나는 주말 농장

이번 주말에는 아빠 친구 분이 운영하시는 주말 농장에 놀러 가기로 했답니다. 아빠와 같은 대학에서 학생들을 가르치는 분인데 아직도 장가를 가지 못한 노총각이래요. 40살이 넘은 노총각이라……. 우리 아빠보다 한 살 적대요. 그래도 아빠와 친구로 지내며 작은 주말 농장을 애인 삼아 데이트를 즐기신다고 합니다. 바로 그분이 하시는 주말 농장에 우리 가족이 초대된 것이지요. 나는 들뜬 마음에 아침부터 난리법석을 떨었습니다.

"오빠, 빨리 나와!"

오빠가 욕실에서 꾸물거리며 나오지 않자 나는 냅다 소리를 질렀습니다.

"빨리, 빨리! 나도 준비할 게 많단 말이야!"

"네가 뭘 준비할 게 많다고!"

오빠는 약을 올리려고 그러는지 일부러 더 늦게 나오는 거 있죠.

"남자는 모르네요! 외출하려면 여자들이 얼마나 준비할 게 많은지."

"흥, 그래 봤자 못생긴 얼굴 한 번 더 씻고, 로션이나 찍어 바르는 거겠지."

오빠가 메롱, 혀를 내밀며 달아났습니다. 약이 오르지만 나는 얼른 욕실로 들어갔습니다. 나는 머리카락이 깁니다. 남자들은 긴 생머리를 좋아한다고 한다죠? 모두가 그렇진 않겠지만 일반적으로요. 그래서 나도 머리를 길렀답니다. 히히. 꼭 누구에게 잘 보이겠다는 생각은 없지만 그래도 긴 머리가 예쁜 것 같아서요. 머리를 기르니까 예뻐 보이긴 하지만 너무 귀찮아요. 날마다 머리를 감아야 하고, 머리 감는 것도 힘들고요.

머리카락이 길다 보니 샴푸를 조금만 덜면 거품이 잘 나지 않아

듬뿍 바릅니다. 또 그렇게 하면 거품이 너무 많이 생겨 물로 헹구기가 힘듭니다. 머리를 한번 감으려면 시간도 많이 걸리고 힘도 듭니다. 일찍 서두르지 않으면 늦어요. 그래서 오빠보다 먼저 욕실을 차지하려고 했는데 한발 늦었지 뭐예요? 내 사정을 뻔히 알면서 일부러 늑장을 부리는 오빠가 정말 얄밉습니다.

머리를 감고 말리는 데 많은 시간을 써 버린 나는 얼른 스킨과 로션을 발랐습니다. 그리고 좀 더 예뻐 보이려고 입술에 립글로스도 발랐습니다. 반짝반짝 예쁘게 빛나는 입술이 너무 마음에 들었답니다.

"뭐 하는 거야? 아직도 멀었어?"

오빠가 소리를 질렀습니다.

"늦었어. 빨리 출발해야 하는데? 친구랑 같이 점심 먹기로 했잖아. 서둘러!"

재촉하기는 아빠도 마찬가지였어요.

머리를 감느라 늦은 나는 허둥지둥 가방을 챙겨 나왔습니다. 늦은 건 저뿐만이 아니었어요. 엄마도 화장을 하고 옷을 입느라 아직 나오지 않으셨어요.

"한번 외출하려면 여자들이 얼마나 바쁜 줄 아세요? 집 정리해

야지, 뭐 좀 찍어 발라야지, 문단속해야지······ 일일이 다 손이 가
야 하니······."

"알았으니까 얼른요!"

오빠는 뭐가 그리 급한지 엘리베이터도 기다리지 않고 계단으로
막 뛰어 내려갔습니다.

2 불쌍한 '야개'

"자, 모두 탔으면…… 출발!"

아빠는 힘차게 외치며 시동을 걸었답니다. 차가 움직이기 시작
하자 마음이 더욱더 설레었습니다. 주말 농장이라…… 공기도 좋
고 꽃과 나비가 춤을 추고, 여러 가지 야채들을 직접 따서 먹을 수
도 있는 주말 농장…… 생각만 해도 너무 낭만적이지 않나요? 차
가 아파트를 막 빠져나가자, 마치 답답한 일상을 떠나는 듯한 느
낌에 가슴이 탁 트였답니다.

"어어어!"

아빠의 비명과 함께 그때 갑자기 차가 멈춰 섰습니다. 뒷자리에 앉은 오빠와 나는 몸이 앞으로 쏠렸답니다. 엄마는 두 손으로 눈을 꼭 가리고 있었습니다.

"무슨 일이에요?"

오빠가 다급히 물었습니다.

"개…… 개가 갑자기 튀어나오는 바람에……."

상황을 말해 준 건 엄마였습니다. 차 앞에는 못생기고 더러운 개가 절뚝거리며 느릿느릿 지나가고 있었답니다. 바로 야개였어요.

"야개야……."

나는 말끝을 흐렸어요. 야개가 불쌍하기도 했지만, 우리 가족을 놀라게 한 야개가 야속하기도 했어요.

"야개가 다리만 안 다쳤어도 차를 피해 빨리 지나갔을 텐데……."

야개를 알고 있는 나는 마치 잘못이라도 한 양 미안했답니다.

"다행이야, 개도 우리도 다치지 않았잖아?"

아빠가 말씀하셨습니다.

"그럼, 다시 출발해 볼까?"

"네……"

아까와는 달리 목소리에 힘이 없었습니다.

"저 개가 야개니?"

놀란 마음이 안정이 되셨는지 엄마가 물었습니다.

"네……"

"야, 못생기긴 정말 못생겼다."

오빠가 말하자 나는 째려보았습니다.

"어떻게 그렇게 말해?"

"아빠, 야개가 내 말을 들은 건 아니니까 기분 나쁘지 않았을 테고, 그러니까 고통을 받은 건 아니지요?"

"정말, 억지다!"

오빠는 아빠의 종차별에 대한 말씀이 생각났는지 그렇게 말했지만, 나는 어이가 없어 웃음도 나오지 않았습니다.

"그나저나, 저 개 불쌍해서 어쩌니?"

엄마의 말에 나도 맞장구를 쳤습니다.

"저런 불쌍한 개를 놀리고 때리는 애들이 있으니 더 큰 문제예요. 세상에 엄마랑 저와 같은 마음을 가진 사람만 산다면 동물들이 좀 더 편안하고 즐겁게 살 수 있을 텐데…… 그렇죠?"

"그래, 그래!"

엄마와 나는 마주 보며 웃었답니다.

"과연?"

묵묵히 운전을 하시던 아빠가 갑자기 미소를 지으며 말씀하셨습니다.

"어? 여보, 그건 무슨 뜻이에요. 그렇지 않다는 뜻 같은데?"

3 동물 실험

"혹시 동물 실험이라는 말 들어 봤어?"

아빠는 뜬금없는 질문을 하셨습니다.

"그럼요. 원숭이, 돼지, 토끼, 쥐…… 뭐 이런 동물들을 가지고
실험을 하는 거잖아요."

며칠 전 우리나라에서 무슨 약을 개발했다면서 뉴스에서 실험하
는 장면을 보도한 적이 있습니다. 나는 그때 본 장면이 떠올라서
말했습니다.

"그럼, 동물 실험은 왜 하지?"

"인간에게 실험하면 위험하잖아요, 다치거나 죽으면 어떡해요?"

엄마가 말했습니다.

"그렇지, 당신 대답이 우리가 생각하는 가장 일반적인 답일 거야. 그러나 현실은 그렇지 않아."

"그렇지 않다니요?"

엄마는 아빠의 말이 잘 이해가 되지 않는 듯 고개를 갸우뚱했습니다.

"응, 만약 동물 실험을 통해 수많은 사람들의 생명을 구할 수 있거나 그 방법 외에 사람들의 생명을 구할 다른 방법이 없다면 동물 실험은 옳다고 할 수 있어. 하지만 현실적으로 그런 경우는 극히 드물어."

"그럼, 동물 실험이 잘못됐단 말씀이세요?"

오빠가 끼어들었습니다.

"그렇지, 사실 대부분의 경우는 동물에게 너무나 고통스러운 실험이 이루어지고 있어. 특정 물질에 나쁜 성분이 있는지 없는지 알아보는 실험이 있어. LD50이라는 실험인데 가장 널이 알려진 독성 실험이지."

"처음 들어 봐요."

나는 아빠의 말씀이 어려웠습니다. 일단 영어가 들어가면 뭐든지 다 어렵게 느껴지거든요.

"그럴 거야."

"어떤 실험인데요?"

오빠는 궁금증을 참지 못하겠다는 양 운전석 앞으로 고개를 쭉 내밀었습니다. 나는 그런 오빠는 잡아당겨 자리에 앉혔답니다.

"LD50은 50% 치사량이라는 말의 영어 표현 약자야. LD50은 검사 물질을 어느 정도 넣어야 실험동물의 50%가 죽는지 조사하는 실험이야. 50%의 실험동물이 죽기까지 실험에 동원된 동물들은 엄청난 고통을 겪게 되지."

아빠의 실험 설명에 나는 약간 소름이 돋았습니다.

"그렇게 해서 사람 몸에 얼마나 해로운지 알아보는 거네요? 그 독한 물질을 넣으면 동물은 어떨까? 으…… 생각만 해도 끔찍해."

내가 눈을 한 번 찔끔 감으니까 옆에서 오빠가 콧방귀를 뀌었습니다. 그 모습을 보고 아빠는 빙긋 웃으시더니 계속 말씀하셨습니다.

"상상해 보면 끔찍한 일이지. 그럼에도 불구하고 계속 실험은 이루어지고 있어. 독성이 강한 물질의 경우, 적은 양만 동물에게 넣어도 50%가 죽는단다. 식용 색소나 화장품 등 독성이 적은 물질의 경우 50%의 동물이 죽기 전까지 막대한 양을 투여해야 하지. 튜브나 주삿바늘을 통해 검사 물질을 동물들에게 강제로 먹이고 투여하는 거야. 물론 살아남은 50%의 중독 또한 심각하지. 살아남은 동물들에게서도 구토, 설사, 마비 및 내출혈 등의 증세가 나타나지."

아빠의 말씀에 절로 얼굴이 찌푸려졌습니다.

"동물들이 얼마나 고통스러울까?"

"그런 실험을 하는 사람들은 죽어 가는 동물들이 고통을 느끼지 않는다고 생각하는 것 같아요."

오빠도 저처럼 동물들의 고통을 염려한 모양이었어요.

"그렇지는 않아. 실험하는 사람들도 동물들이 고통을 느낀다고 생각할 수밖에 없어. 왜냐하면 동물 실험이 인간에게 유익하다고 주장하려면 인간과 동물이 서로 비슷하다는 점이 강조되어야 하기 때문이지."

"그러면서도 어떻게 그런 실험을 계속 할 수 있죠?"

"실험의 목적은 동물들의 절반을 죽음으로 몰고 갈 물질의 양을 알아내는 것이야. 그렇기 때문에 거기에만 초점을 맞출 뿐 동물들의 고통은 거의 신경을 쓰지 않는 거란다."

"어떻게 신경을 안 쓸 수 있어요?"

오빠는 너무 이기적인 실험자들이 답답하게 여겨지는가 봐요.

"우리와 같은 종이 아니기 때문에 동물들의 고통을 심각하게 생각하지 않는 건가요?"

"오, 윤진이 똑똑한데? 바로 그거야."

"그거야 말로 엄청난 종차별이네요? 내가 야개를 놀린 것과는 비교도 할 수 없을 정도로……."

오빠는 아까 야개를 놀린 것이 조금은 마음에 걸렸나 봅니다.

"그렇지, 한 가지 예를 더 들어 볼까? '드레이즈 눈 자극 실험'이라는 것이 있어. 이 실험은 어떤 물질이 토끼의 눈에 들어갔을 때 어떻게 자극을 주는가에 따라 그 물질의 독성을 평가하는 실험이야."

아빠가 말씀하고 있는데 중간에 오빠가 불쑥 또 끼어들어 말꼬리를 잘랐습니다.

"엥? 토끼 눈에요?"

"그래, 토끼 눈. 실험에 투입된 토끼들이 눈을 긁거나 부비는 것을 막기 위해 머리만 내밀게 하고 몸을 고정시키지. 그리고 표백제, 샴푸 혹은 잉크 등과 같은 실험 물질들을 토끼 눈에 넣는단다. 그러고 나서 7일에서 길게는 3주 동안 염증이 나타나는지 안 나타나는지 관찰하지. 그 과정에서 토끼는 눈에 심각한 상처를 입어 완전히 시력을 잃기도 한단다."

"말도 안 돼요. 그렇게 고통스러워하는데 실험을 하다니!"

나도 토끼처럼 비명을 질렀습니다.

"그게 현실이야."

아빠는 한숨을 쉬셨습니다.

"윤진이가 쓰는 샴푸나 로션을 보면 동물 실험을 통과했음이라고 표시된 것은 대부분 이런 과정을 통해 시장에 나오는 제품들이란다. 당신이 쓰는 화장품도 마찬가지고."

아빠의 말씀에 깜짝 놀란 엄마와 나는 서로를 바라보며 눈을 동그랗게 떴습니다.

"어머, 내가 쓰는 향기롭고 예쁜 색깔의 화장품이 만들어지기까지 그렇게 끔찍한 일들이 벌어진다니…… 말도 안 돼요."

엄마는 아빠의 말씀에 충격을 받으신 것 같았습니다.

"우리가 좀 더 향기로운 샴푸와 예쁜 색깔의 화장품을 사용하기 위해 얼마나 많은 동물들을 고통스럽게 했는지, 조금 더 아름다워지기 위해 얼마나 많이 토끼의 눈을 멀게 했는지 반성해 볼 필요가 있어."

"난 이제까지 '동물 실험을 통과했음'이라는 표시가 되어 있는 제품들만 골라서 사용했지 뭐예요. 그게 더 안전하다고 생각했기 때문에……"

엄마는 말끝을 흐리셨습니다.

"결과적으로 우리들이 동물 실험에 일조하고, 종차별에 동조한 거네요."

"안타깝지만 그렇다고 볼 수 있지."

"갑자기 제 자신이 정말 끔찍하게 싫어지네요."

"우리가 종과 무관하게 모든 존재의 이익을 똑같이 생각한다면 동물 실험에 대해 다시 생각해 봐야 해. 더 직접적으로 말하자면, 인간의 생존에 반드시 필요하지 않은 샴푸와 생활 용품, 화장품에 대한 동물 실험은 지금 당장 중단해야 해."

아빠가 단호하게 말씀하시니 왠지 가슴이 뜨끔했습니다. 유난히 샴푸를 많이 썼던 게 부끄럽기도 하고요.

"그러면…… 앞으로 어떤 제품을 선택해야 할지 불안할 것 같은데요."

"왜?"

"동물 실험을 당장 중단시키면 우리 몸에 나쁜 제품들이 시장에 쏟아져 나오지 않을까요?"

엄마가 근심스런 표정을 지으셨어요.

"그렇지 않아. 이미 안전하다고 알려진 성분을 이용해서 신제품을 만들면 크게 문제될 것이 없어. 더구나 우리는 이미 사용하기에 충분한 샴푸와 화장품을 가지고 있잖아."

"그래도 기능이 더 좋은 제품이 나오면 좋잖아요. 머릿결이 더 좋아지는 샴푸랑 린스가 더 좋듯이."

조금 뻣뻣한 내 머리카락을 찰랑거리는 머릿결로 만들어 주는 샴푸 린스는 대환영입니다. 그런데 동물 실험을 하지 않고서 더 좋은 물건을 만들어 낼 수는 없는 걸까요?

"물론 윤진이 생각이 잘못된 건 아니야. 중요한 건 새로운 성분의 생활 용품이나 화장품을 만들어서 팔려고 한다면, 그 성분을 가진 원료나 제품의 안정성을 동물 실험이 아닌 다른 실험을 통해 만들어야 할 거야. 물론 시간은 좀 걸리겠지. 그렇지만 그러한 생

활 용품과 화장품이 조금 늦게 나온다고 해도 우리 생활에 큰 지
장을 주는 것은 아니잖아."

"그렇군요."

엄마가 고개를 끄덕이셨습니다.

"이제 동물 실험의 고통으로부터 동물들을 구해 내기 위해 윤진
이가 해야 할 일이 뭔지 알겠니?"

"네, 동물 실험을 거쳐 만들어 진 샴푸나 화장품을 사지 않고, 동
물 실험을 거치지 않고 만든 제품을 구입하면 되는 거죠? 물론 아
예 안 쓴다면 환경에도 더 좋겠지만 그건 좀 힘들 것 같아요."

"그래."

"하지만 동물 실험을 통해 우리의 질병을 치료할 수 있는 약을
개발해 온 것도 사실이잖아요. 만약 무조건 동물 실험을 금지한다
면 의학이 더디게 발전하게 되지는 않을까요?

오빠의 말에도 일리가 있습니다.

"물론 그럴지도 모르지. 하지만 피터 싱어는 동물 실험을 통해
우리가 의학적 혜택을 보았다고 해도 그것으로 동물 실험을 정당
화할 수는 없다고 주장하고 있어. 싱어는 동물 실험의 정당성을
주장하는 사람들에게 이런 질문을 던졌어. 동물에게 고통을 주는

것을 정당화할 만큼 실험이 중요하다면 동일한 정신 수준에 있는 인간에게, 이를테면 심각한 상태의 회복 불가능한 뇌 손상을 입은 아이에게도 과연 똑같은 실험을 할 수 있겠는가? 하고 말이지."

"정말, 있을 수 없는 일이에요."

나는 아빠의 말에 화들짝 놀랐습니다. 사람에게 실험이라니요?

"만약 할 수 없다면 그 이유는 뭐니?"

"……"

아빠의 질문에 할 말을 잃고 말았어요.

"한쪽은 우리와 같은 종이고, 다른 한쪽은 아니기 때문이 아닐까? 사람에게 실험을 한다는 사실이 끔찍해서 말이야. 하지만 이유가 그런 차이 때문뿐이라면 그것은 편견을 드러낸 것으로써 인종차별, 성차별과 마찬가지로 종차별을 하고 있는 거야."

"그럼 어떻게 해야 하죠?"

나는 난감했습니다.

"우리가 할 수 있는 일은 인간 생명과 직접적으로 관련된 긴급한 경우 외에 불필요한 실험들을 즉각 중단해야 하는 일이지. 그리고 동물 실험 이외의 대안을 찾고자 노력해야 할 거고."

"쉽지 않을 것 같아요. 지금까지 해 오던 것이 있는데……."

아빠의 대답에 엄마는 표정을 약간 찡그리며 말했습니다.

"그래, 하지만 우리의 후손들이 역사를 통해 지금의 연구실에서 어떤 일을 저질렀는지 알게 된다면, 문명인이라고 자처하는 우리들의 행동에 대해 오히려 혐오감을 느낄 거야. 어어어…… 이쪽이 아닌데!"

인간의 하찮은 이익을 위해
동물의 중요한 이익을 희생시켜서는 안 된다

종차별이 행해지고 있는 대표적인 현장으로서 피터 싱어가 주목하고 있는 곳이 있어요. 바로 잔혹한 동물 실험이 행해지고 있는 실험실과 보다 효과적으로 많이 생산하기 위한 도구로서만 동물들을 다루고 있는 공장식 동물 농장입니다.

먼저 동물 실험에 대해 살펴보도록 해요. 피터 싱어는 고통 받는 실험 동물을 생각해서 동물 실험을 즉각 폐지해야 한다고 주장해요. 하지만 그가 어떠한 경우에도 절대적으로 무조건 동물 실험을 해서는 안 된다고 주장하는 것은 아니에요. 피터 싱어는 동물 실험을 허용할 수 있는 조건이 있을 수 있다는 것을 인정해요.

그럼, 동물 실험을 인정할 수 있는 상황과 그렇지 않은 상황을 어떻게 확인할 수 있을까요? 피터 싱어는 동물 실험을 하는 사람들이 스스로에

게 다음과 같은 질문을 던져 볼 것을 요구합니다.

'지금 실험에 사용하려는 동물 대신 심각한 상태의 회복 불가능한 뇌 손상을 입은 인간을 실험에 투입하는 것이 정당화될 수 있는가?'

동물과 치명적인 뇌 손상을 입은 인간을 비교하는 이유는 유인원, 개 심지어 쥐까지도 뇌 손상을 입은 인간보다 더 지성적이고, 더 의식적이며, 더 고통에 민감한 경우가 있을 수 있기 때문이죠. 동물이 도덕적 고려의 순위에 있어서 뇌 손상을 입은 인간에 밀릴 정당한 이유는 없기 때문이에요. 만약 그럼에도 불구하고 뇌 손상을 입은 인간을 투입하기 어려운 실험에 동물을 투입한다면 그는 종차별주의자임을 스스로 인정하는 것이에요.

반대로 뇌 손상을 입은 인간을 실험에 투입하는 것이 정당화될 만큼 실험이 중요하다면 동물 실험은 인정될 수밖에 없어요. 몇 마리의 동물이 희생함으로써 수천 명의 생명을 살릴 수 있다면 동물 실험은 옳다고 할 수 있어요. 그 방법밖에 없다면 말이죠.

그러나 이런 경우는 극히 드물어요. 피터 싱어가 관심을 가지고 있는 대부분의 동물 실험은 화장품이나 세제의 개발을 위한 실험들이죠. 의학적 실험이라 하더라도 인간에게 가져다줄 이익은 매우 불확실하거나 인간에게 무익한 실험이에요.

지금의 상황은 고통을 정당화할 수 없는 목적 때문에 수많은 동물들이 엄청난 괴로움을 겪고 있는 긴급 상황이랍니다. 피터 싱어는 이렇게 정당화할 수 없는 실험에 동물들이 이용되고 있는 현실을 바로 아는 것이 우리가 가져야 할 일차적인 관심이라고 말하고 있습니다.

다음으로 우리가 살펴볼 것은 공장식 동물 농장에서 자행되는 동물 학대예요. 많은 사람들이 육식을 하고 있고, 또한 육식을 계속 원하는 한, 고기를 공급하는 사람들이 존재하게 마련입니다. 이익을 추구하는 사람들은 소비자를 만족시켜 고객을 확보할 수만 있다면 못 하는 일이 없을 거예요. 이를테면 육질이 연한 송아지 고기를 얻기 위해 영농업자들은 몸을 자유롭게 움직일 수 없고, 심지어 앉을 수도 없는 비좁은 축사에 송아지를 감금하죠. 그리고 사람들이 선호하는 핑크 빛 송아지 고기를 얻기 위해 송아지가 좋아하는 풀과 건초를 먹이지 않죠. 왜냐하면 풀과 건초에는 철분이 있어서 고기의 색을 빨갛게 만들기 때문이에요. 달리 말하면 철분을 섭취하지 못하는 송아지는 빈혈 상태에서 사육되는 것이

죠.

그리고 이익 추구가 목적인 영농업자들은 되도록 많은 이익을 확보하기 위해 생산 단가를 낮추려 할 거예요. 생산 단가를 낮추기 위해서는 동물의 이익은 고려되지 않아요. 이를테면 양계업자들은 효율적 공간 이용을 위해 가능한 한 많은 수의 닭을 닭장 속에 넣죠. 그 결과 날갯짓 한번 하기도 힘든 비좁은 공간에서 닭들은 엄청난 스트레스를 받아요. 그러한 스트레스로 인해 닭은 공격적으로 변하고 심지어 서로를 잡아먹게 되죠. 이것을 방지하기 위해 영농업자들은 닭의 부리를 잘라 버려요. 이때 닭은 또 엄청난 고통을 느끼게 되죠. 로저스 브람벨이라는 동물학자의 견해를 피터 싱어는 다음과 같이 인용하고 있어요.

"뿔과 뼈 사이에는 매우 민감하고도 부드러운 조직으로 된 얇은 층이 있는데, 이는 인간의 손톱 밑의 속살과 유사합니다. 부리를 잘라 내는 데 쓰이는 달궈진 칼로 뿔, 뼈 그리고 민감한 조직으로 이루어진 복합체를 잘라 내면, 매우 큰 고통을 야기하게 됩니다."

이 모든 것에서 동물의 이익은 전혀 고려되지 않고 있어요. 그들은 단지 인간을 위해 사료를 고기로 전환시키는 도구에 불과할 뿐이에요. 우

리의 삶에 꼭 필요하지 않은 이익을 위해 동물의 중요한 이익을 희생시키는 것은 윤리적으로 그릇된 일이랍니다.

3

농장으로 가는 길

 윤리적으로 사는 것은 곧 자기 자신의 이익을 초월하여 사는 것이다.

1 이게 무슨 냄새지?

아빠는 좁은 산길에서 다시 후진을 했습니다. 아마 이야기에 열중하셔서 길을 잘못 들어섰나 봐요. 주변은 어느새 나무와 꽃이 만발한 시골 마을이었습니다. 집들은 거의 없지만 여기저기 밭이 펼쳐져 있었습니다. 우리는 천천히 길을 빠져나와 옆으로 난 작은 길로 들어섰습니다.

"아빠 이야기에 쏙 빠져 들어서 벌써 다 온 줄도 몰랐어요. 언제 도시를 벗어난 거죠?"

들뜬 기분에 목소리가 통통 튀어 올랐습니다.

"우와, 주변이 온통 푸르니 눈과 마음이 다 환해지는 것 같다!"

엄마도 어린아이처럼 좋아하셨습니다.

"자, 이제 조금만 더 가면 될 것 같구나."

"창문 좀 열어 봐."

오빠가 창가에 앉은 나에게 재촉했습니다.

"오랜만에 맑은 공기 좀 마셔 보자. 음…… 좋은데!"

오빠는 숨을 깊게 들이마셨어요.

"오빠, 그건 좀 오버다. 그리 좋은 냄새가 나는 것 같지는 않은데?"

나는 코를 킁킁거렸습니다. 어디선가 똥 냄새 같은 게 진동을 했기 때문입니다.

"밭에 거름을 주었나?"

엄마는 창밖을 두리번거리셨어요.

"정말, 이상한 냄새가 난다. 이건 좀 심한데?"

오빠도 코를 벌름거렸습니다.

"어디? 흠…… 이 냄새 말이구나? 곧 정체가 밝혀질 테니 조금만 기다려 봐라."

아빠는 냄새의 정체를 알고 계신 듯 고개를 끄덕이시더니 꼬불꼬불 좁은 길로 차를 몰고 가셨습니다. 갈수록 냄새는 점점 심해졌습니다.

"저기 냇가가 보이니?"

아빠는 오른쪽을 가리키셨습니다.

"냇가라기엔 좀 그렇고 그냥 하수구 같은데요? 물도 시커멓고……."

"으, 냄새!"

오빠와 나는 창밖으로 고개를 쑥 내밀고 봤습니다.

"바로 저기서 나는 냄새야. 저 위를 봐."

아빠는 언덕 위를 가리켰습니다. 그곳엔 큰 건물이 여러 동 있었습니다.

"저게 뭐예요?"

"축사란다. 윤석이 삼겹살 좋아하지?"

"네! 그러고 보니 배가 슬슬 고파지는데요."

오빠는 침을 꼴깍 삼키며 배를 문질렀습니다. 이런 냄새가 나는 상황에서도 배가 고프다는 말이 나오는지 정말…….

"저기가 바로 윤석이가 좋아하는 삼겹살이 있는 돼지 축사란다."

"웩!"

오빠의 웩 소리에 순간 제 비위까지 상했답니다.

"저 축사에서 돼지들의 분뇨가 흘러나와 냇가가 이렇게 시커멓게 변했고 냄새까지 나는 거란다."

"삼겹살이 저렇게 더럽게……."

"더럽다고만 생각할 게 아니라 저곳엔 더 끔찍한 현실이 숨어 있단다. 바로 아까 말한 종차별!"

"그건 또 무슨 말씀이세요?"

오빠와 나는 눈을 동그랗게 뜨고 아빠를 바라보았습니다.

2 고기반찬이 좋아

"동물 실험의 경우, 실험하는 사람들만 실험동물들을 직접 상대하지. 그 외의 대부분 사람들은 간접적으로 동물 실험을 거친 제품들만 접하게 돼. 그렇지만 우리가 직접 동물들과 마주치는 종차별의 현장이 있단다."

"언제요?"

"식사 시간!"

"식사 시간에 무슨 동물이요?"

"우리는 식사 시간에 고기를 먹으면서 비록 음식이긴 하지만 동물과 마주치지 않니? 그렇지만 우리는 음식에 숨어 있는 동물 학대에 대해서는 거의 알지 못하지."

"음식 속에 동물 학대가 숨어 있다고요?"

나는 너무 놀라 물었습니다. 우리가 먹는 음식 속에서 어떻게 그런 일이 있을 수 있을까요?

"마트 정육 코너나 고기를 먹는 음식점은 오랫동안 동물 학대의 현장이었단다."

아빠의 말씀에 오빠가 놀라서 말했습니다.

"그럴 리가요. 마트에서 무슨 동물을 학대해요. 강아지도 못 들어오게 하는데……."

"음, 아빠가 말하는 동물 학대는 우리 눈앞에서 때리고 괴롭히는 것을 말하는 게 아니야. 우리는 깔끔한 투명 용기 안에 담겨 있는 소고기나 돼지고기, 닭고기를 구입하지 않니? 그런 고기들을 볼 때 살아 움직이고, 걸어 다니며, 고통 받는 동물이 쉽게 연상되지는 않지. 다만 최종적으로 상품화된 고기들이라 실제 우리가 알고 있는 동물의 모습과 달라 의식하지 못할 뿐이지. 그러나 조금만 생각해 보면 실상은 곧바로 드러난단다."

아빠의 말을 모두 이해한 건 아니었지만 어쨌든 우리가 고기를 먹는 것이 문제인 것 같았습니다.

"오빠는 삼겹살을 너무 좋아해서 탈이야!"

"넌 치킨 안 좋아해? 마찬가지지."

"그래 너희들뿐만이 아니라 다들 치킨이나 삼겹살을 좋아하고 자주 먹지. 그럼 닭이나 돼지가 많이 필요하겠지?"

"그렇죠."

"그리고 닭고기나 돼지고기 값도 사람들이 사 먹을 수 있을 정도로 저렴해야 할 거고."

"당연하죠."

"농가에서 닭을 몇 마리씩만 키운다면 과연 수요를 당해 낼 수 있을까? 수요가 많은데 공급이 딸린다면 닭 값은 하늘 높은 줄 모르고 치솟겠지?"

"당연한 이치죠."

"따라서 사람들에게 닭고기를 대량으로 값싸게 팔기 위해서 양계업자들은 닭을 대규모로 집단 사육할 수밖에 없어. 비극은 여기서부터 시작된다고 할 수 있지."

"무슨 비극이?"

"대규모 공장식 양계 농장에서 어떤 일이 벌어지는지 생각해 볼까? 일단 가격을 낮추기 위해 우리 안에 가능한 한 많은 닭을 집어넣는단다. 좁은 우리 안에서 닭들은 이리저리 걸어 다닐 수도 없고, 발로 땅을 긁어 댈 수도 없어. 그리고 흙에다 목욕을 할 수도, 둥지를 지을 수도, 또는 날개를 활짝 펴서 날갯짓을 할 수도 없지."

나는 언젠가 텔레비전에서 보았던 좁은 닭장 안의 닭들이 떠올랐어요. 다닥다닥 붙어 서서 머리만 쭉 내밀고 모이를 쪼는 모습을 말이지요.

"그러면 닭들은 극도의 스트레스 상태에 빠지게 된단다. 닭들이 제정신이 아니겠지?"

"제가 다 어지러운데요?"

오빠가 고개를 빙글빙글 돌리며 어지러운 흉내를 냈습니다.

"극도의 스트레스를 받은 닭들은 서로를 공격하고 잡아먹기까지 한다는 게 사실인가요?"

엄마는 어디선가 들었다는 끔찍한 말씀을 하셨습니다.

"맞아, 그렇다더군."

"어머!"

나는 너무나 끔찍해서 눈을 찔끔 감았습니다.

"그래서 닭을 대량으로 키우는 사람들은 닭들이 서로 깃털을 쪼고 잡아먹는 것을 방지하기 위한 방법을 찾았어. 그건 바로 부리 자르기였지. 우리는 닭의 부리를 자르는 것이 마치 발톱을 깎는 것처럼 별 고통이 없을 거라고 생각하지?"

"그렇게 생각했는데…… 부리는 딱딱하잖아요."

"그러나 그건 착각이야. 부리와 뼈 사이에는 매우 민감하고 부드러운 조직으로 된 얇은 층이 있는데 이것은 인간의 손톱 밑의 속살과 비슷하다고 해. 부리를 잘라 내는 데 사용하는 칼은 닭에게 매우 큰 고통을 가져다준단다. 그러한 악조건 속에서 고통의 7주를 보낸 후, 짐짝처럼 도축 장소로 옮겨져 도축 순서를 기다린단다. 기다리는 시간은 꽤 긴데 그동안 닭들은 물과 사료를 전혀 먹지 못하지."

"왜 물과 사료를 안 주죠?"

살아 있는 닭에게 물을 주지 않는 것이 이상해서 아빠에게 여쭈어 보자 오빠가 제 머리를 콩 쥐어박았습니다.

"당연하지. 어차피 죽을 목숨인데 뭐 하러 물과 사료를 주겠니? 단가만 높이는 쓸데없는 짓이라고 생각하는 거지."

"너무해!"

"그렇단다. 양계업자들에게 닭들은 사료를 고기로 전환시키는 기계, 그 이상도 그 이하도 아니야. 가격을 낮추기 위해서라면 그들에게 동물 학대는 문제가 되지 않는다고 할 수 있어. 마지막으로 닭들은 나무 상자에서 꺼내져 컨베이어 벨트에 거꾸로 매달려 칼이 휘둘러지는 곳으로 실려 가게 된단다. 털이 다 뽑히고 손질된 닭 몸뚱이는 수백만의 가정으로 팔려 간단다. 그리고 윤진이가 먹겠지?"

"엥? 그렇게 말씀하시니까 제 자신이 끔찍한 사람처럼 느껴져요."

"사람들은 식탁에 올라온 자신들이 먹고 있는 고기가 전에는 살아 있던 동물이었음을 생각하지 못하지. 그 동물이 어떤 고통을 받았는가를 생각하지 않고, 우리는 단지 우리의 입맛을 만족시키기 위해 동물들의 살과 뼈를 발라먹는 거지."

"다시는 치킨을 못 먹을 것 같아요."

"그러게 작작 좀 먹지 그랬나!"

오빠가 내게 놀리듯 핀잔을 줬습니다.

"닭뿐만 아니라 삼겹살, 소고기 샤브샤브도 마찬가지야!"

"넵!"

아빠의 말씀에 오빠가 갑자기 조용해졌습니다.

3 공장식 동물 농장

"한 가지 더 이야기해 줄까? 모든 형태의 공장식 영농 중에서 가장 문제가 되는 것은 송아지 고기 산업이란다. 송아지 고기는 육질이 연하고 핑크 빛이 날 때 비싸게 팔리지. 그렇다면 육질이 연하고 핑크 빛이 도는 고기를 생산하려면 어떻게 해야 할까?"

"……"

"우선 송아지는 태어나자마자 며칠 지나지 않아 어미로부터 떨어져야 한단다."

"흑…… 너무 안됐어요."

새끼가 엄마와 떨어져 지내다니요. 전 엄마와 떨어져서 단 하루도 못 살 것 같은데요. 송아지가 너무 불쌍합니다.

"운동을 하면 근육이 발달되지. 그렇게 되면 고기는 질기고 맛이 없어져. 그래서 송아지를 조그만 나무 축사에 가두지. 이 축사는 매우 작아서 송아지는 앉을 수조차 없어. 또 분홍색을 띤 맛있는 고기로 만들기 위해 일부러 송아지에게 빈혈이 생기도록 철분이 부족한 식단을 만드는 거지."

"그렇게 하면 고기가 맛있어요?"

평소 고기를 좋아하는 오빠가 물었습니다.

"아니야. 고기가 핑크 빛이라고 해서 맛이 좋아지는 것도 아닌데……. 송아지를 빨리 자라도록 성장촉진제도 먹이고, 분말 우유를 액체로 만든 것과 비타민 등을 먹인단다. 송아지는 살아생전 이것만 먹지. 송아지가 가능한 한 이 같은 것만 많이 먹도록 송아지에게 물도 주지 않고 축사도 덥게 한단다. 그러면 결국 갈증이 나서 이런 것에 눈을 돌릴 수밖에 없는 거지."

"정말 무섭고 소름이 쫙 끼쳐요."

"그 정도일 줄은 미처 상상도 못했어요."

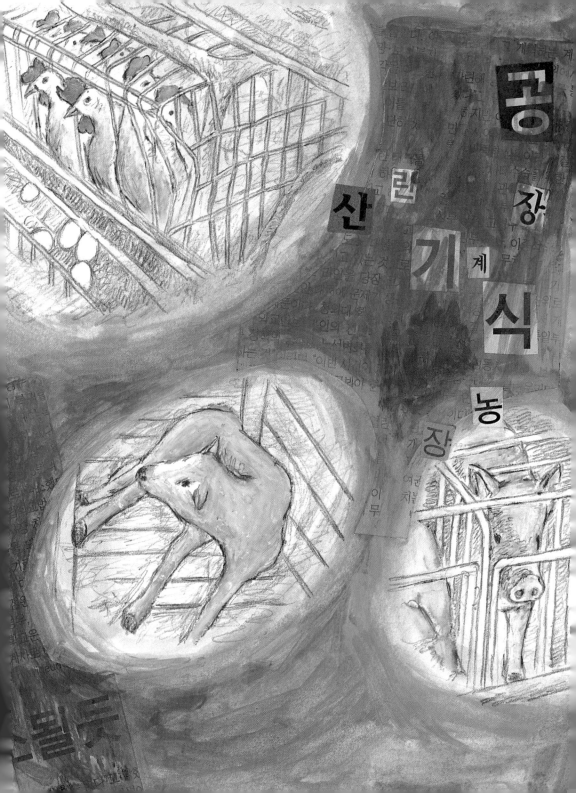

"그런데 여보, 인간의 육식 때문에 희생되는 동물의 숫자는 얼마나 되나요?"

"미국에서만 매년 1년에 1억 마리 이상의 소, 돼지 그리고 50억 마리 이상의 닭이 집단적으로 사육, 도축되고 있지. 실험을 통해 희생되는 동물의 수보다 수백 배에 해당하는 동물들이 공장식 농장에서 고통 받고 있는 거야."

"엄청나군요."

엄마는 좀 놀라시며 말씀했어요.

"왜 종차별이 보다 광범위하게 자행되는 곳이 공장식 동물 사육 농장인지 이제 그 이유를 알겠니?"

"네."

오빠와 나는 동시에 대답을 했습니다.

"하지만 공장식 영농업자들만 비난할 수는 없어."

"왜요? 꼭 그런 방법 말고도 다른 방법으로 동물을 키울 수도 있잖아요?"

"아까도 말했지만 수요가 많기 때문에 그렇게 대량 생산을 하게 된 거란다. 동물 학대의 진짜 원인이자 주범은 보다 맛있는 고기를 먹고자 하는 수요자인 우리들이야."

"아~ 너무너무 찔려요!"

오빠가 갑자기 가슴을 쥐고 쓰러지는 흉내를 내서 우리는 한바탕 웃었습니다.

"그래서 피터 싱어는 이렇게 말했어. '고기로 가득 찬 우리의 풍성한 식탁이야말로 동물 학대가 시작되고 끝나는 곳이다!'"

"우와! 멋진 말이다."

"그럼, 우리의 식탁에서 고기가 줄어들수록 그만큼 동물의 고통도 줄어든다고 볼 수 있겠네요?"

"그럼!"

채식은 동물 해방 운동의 첫걸음

　우리는 앞서 공장식 동물 농장에서 동물들이 받고 있는 학대와 고통에 대해 살펴보았어요. 그런데 사실 공장식 동물 농장에서의 동물 학대는 인간의 입맛을 만족시키기 위해 벌어지는 일들이에요. 바로 고기를 먹고자 하는 우리 인간들이 동물 학대의 진정한 주범인 것이죠. 게다가 고기로 가득 채워진 우리의 식탁은 동물 학대가 시작되는 곳이에요.

　사실 우리가 식탁에 반드시 고기를 올려야 할 이유는 없어요. 고기를 먹지 않고도 우리는 얼마든지 살아갈 수 있으니까요. 오히려 고기를 먹지 않는 것이 건강이나 장수를 위해서도 바람직하다는 의학적 연구 결과가 속속 발표되고 있답니다. 그래서 피터 싱어는 고기는 인간이 그 맛을 좋아하기 때문에 먹는 사치품이라고 단언하고 있어요.

　그러므로 결자해지(結者解之) 즉, 매듭을 묶은 자가 풀어야 한다. 일을 저지른 사람이 문제를 해결해야 한다는 차원에서 동물들이 겪는 고통을 줄이기 위해 우리가 해야 할 일은 육식을 줄이고 채식을 하는 것이에요.

그런데 채식은 두 가지로 구분됩니다. 전통적인 의미에서의 채식은 계란과 우유를 먹는 걸 허용하는 반면, 완전 채식은 계란과 우유조차도 먹지 않는답니다.

사실 공장식 동물 농장에서 닭들은 최소한의 비용으로 많은 알을 낳기 위해 잔혹하게 고통을 받고 있습니다. 그러므로 원칙적으로 완전 채식주의자들의 주장이 옳다고 할 수 있겠죠.

그러나 현실적으로는 육식만 피하는 것에 비해 고기와 계란과 우유와 같은 낙농제품까지 먹지 않기란 대단히 힘들다고 할 수 있어요. 그런 까닭에 피터 싱어는 나름대로 합리적이고 실천적인 지침을 제시하고 있어요.

- 동물 고기를 식물성 음식으로 대체한다.

- 구할 수만 있다면 공장식 농장의 계란을 방사한 닭의 계란으로 대체한다. 그렇게 하지 못한다면 계란을 먹지 마라.

- 우유와 치즈를 두유와 두부 혹은 다른 식물성 음식으로 대체하라. 하

지만 유제품이 들어 있는 모든 음식을 피하기 위해 지나칠 정도로 자세히 알아보아야 한다는 의무감에 사로잡힐 필요는 없다.

이러한 지침을 따를 경우, 우리는 이미 동물 해방 운동에 참여하고 있는 거라고 할 수 있답니다. 이제 막 시작된 동물 해방 운동에 있어서 가장 중요한 것은 가능하면 많은 사람들의 동참을 이끌어 내는 것이에요. 그러므로 너무 엄격하게 채식을 강요할 필요는 없어요. 왜냐하면 그럴 경우 오히려 역효과가 일어나 아예 사람들이 채식을 포기하는 경우가 생길 수 있기 때문이죠.

물론 채식으로 직접적인 이득을 보는 것은 무자비한 학대를 받아 온 동물들이 될 겁니다. 하지만 크게 보면 동물 해방의 효과적인 수단인 채식을 함으로써 우리들은 환경 파괴를 줄일 수 있고, 기아로부터 벗어날 수도 있을 거예요. 이렇게 볼 때 동물 해방은 인간 해방이기도 하죠.

4

동물 해방을 위한 첫걸음

 결국 윤리적으로 사는 것은 세계를 보다 총괄적인 관점에서 바라보고
그에 따라 행동하는 것이다.

1 채식은 맛없지만

주말 농장은 작고 아담했지만 갖가지 채소가 자라고 있었습니다. 오이, 가지, 호박, 고추, 상추, 쑥갓, 아욱, 파, 토마토, 심지어 참외까지 아주 탐스럽게 익어 가고 있었습니다. 아저씨는 아빠와 같은 학교에서 철학을 가르치는 교수님이지만 농부가 더 잘 어울리는 것 같았답니다. 챙이 넓은 밀짚모자에 고무신을 신은 모습은 영락없는 농부의 모습이었습니다. 키가 작고 얼굴이 둥근 아저씨는 둥그런 호박을 따서 막 밭에서 나오시던 참이었어요.

"어이, 정 교수!"

아빠가 차를 세우기도 전에 창을 열고 아저씨를 향해 소리쳤습니다.

"오, 왔군! 안 그래도 식사 준비를 하려던 참이었는데……."

우리는 차에서 내려 아저씨가 계신 천막으로 갔습니다. 밭 끝 자락, 작은 천막을 쳐 놓은 곳엔 평상이 하나 있었어요. 엄마는 준비해 오신 도시락을 꺼냈습니다. 도시락이라고 해야 잡곡밥과 김치뿐이었어요. 나머지는 아저씨께서 준비하신다고 하셨기 때문입니다. 아저씨의 평상에는 이미 된장찌개가 끓고 있었습니다. 아저씨는 둥근 호박을 숭덩숭덩 잘라 끓고 있는 된장찌개에 넣었어요. 아저씨가 몹시 바쁘신 것 같아 우리는 인사도 잊은 채 아저씨가 하시는 모습만 지켜보았답니다.

"아참, 인사가 늦었네. 나는 이 밭의 주인 정씨랍니다. 허허허!"

"정 교수님도, 참. 그동안 건강하셨죠? 언제쯤 국수를 주시려고 아직 소식이 없으세요?"

아저씨와 안면이 있는 엄마는 노총각 아저씨를 놀렸습니다.

"국수야 당장이라도 사 드릴 수 있죠. 저 밭 너머에 유명한 국수 집이 있는데 그리로 모실까요?"

"정 교수님도 참……."

"하하하! 스트레스 주지 마세요. 제짝도 어디선가 저처럼 농사 짓느라 바빠서 저를 못 찾나 보죠. 전 보시다시피 오이랑 가지, 고추랑 호박이랑 신혼살림을 차려서……."

"하하하!"

우리는 아저씨 농담에 모두 웃었답니다. 아저씨와 간단하게 인사를 나눈 뒤 우리는 아저씨를 도와 상추와 깻잎 그리고 오이와 토마토를 땄습니다. 싱싱하고 먹음직스러운 야채들을 보자 침이 절로 넘어갔어요.

순간 머릿속에 떠오른 건 불판에서 지글지글 구워지는 삼겹살…… 그러나 밥상엔 밥과 김치, 된장찌개와 야채뿐이었어요.

"야외에 나왔으니 고기라고 구워야 하는 것 아니에요? 이렇게 싱싱한 상추와 깻잎도 있는데……."

오빠는 배가 고픈지 밥을 한술 입에 떠 넣은 채로 말했습니다. 나는 그때 오빠의 허벅지를 꾹 찔렀어요.

"왜?"

오빠의 입에서 밥풀이 튀어나왔습니다.

"에잇, 더럽게!"

나는 오빠의 등을 세게 쳤어요.

"그러니까 왜 그래?"

"종차별, 동물 학대……."

나는 거의 기어들어가는 목소리로 말했습니다. 정말 오빠는 생각이 없는 걸까요? 아님, 정말 모르는 걸까요? 방금 전까지 아빠에게 동물 실험이니, 공장식 동물 농장이니 하는 말들과 동물 학대로 인한 종차별에 대해 듣고도 어떻게 삼겹살이란 말이 나올 수 있을까요? 정말 오빠는 못 말립니다. 게다가 아저씨는 채식주의자라고 하셨는데…….

"뭐라고?"

오빠는 작게 말하는 제 말을 못 알아들었는지 다시 또 물었어요. 정말 못 말린다니까요! 게다가 눈치까지 없으니……. 나는 답답한 마음에 소리를 버럭 질렀습니다.

"정말, 모르는 거야? 그새 까먹었어? 종차별 말이야! 삼겹살!"

"아하!"

그제야 생각났는지 오빠의 얼굴이 빨개졌습니다.

"그건 또 무슨 소리야?"

아저씨가 아빠에게 물었습니다.

"아, 요 며칠 전에 윤진이 반 아이들이 떠돌이 개를 괴롭히는 문제로 고민하기에 내가 종차별에 대한 설명을 해 줬는데…… 그러니까 그게 좀."

아빠는 지금까지 종차별에 대한 이야기를 했는데도 삼겹살 타령을 하는 오빠에게 어떤 말을 해야 할지 난감한 모양이었습니다.

"간단하게 말씀드리면 제가 삼겹살을 먹고 싶다고 하니까 다시 그 종차별에 대한 이야기가 나온 거예요. 동물들이 그렇게 고통스럽게 사육되는지 몰랐었으니까 그동안 삼겹살을 즐겨 먹었는데 아빠 말씀을 듣고……."

오빠가 말꼬리를 흐렸습니다.

"이젠 삼겹살 안 먹으려고요. 그건…… 꼭 그렇다는 건 아니고 좀 줄여 보면 안 될까요?"

오빠가 애처로운 눈빛으로 아빠를 바라보자 사람들이 모두 크게 웃었어요.

"아까도 말했지만 우리의 육식 습관을 버리지 않는 한 사실상 우리는 공장식 집단 사육에 동참해서 음식용으로 사육되는 동물들을 학대하는 거나 다름없지. 이게 바로 동물 해방을 이야기하는 피터 싱어의 결론이야."

"그러니까 아빠 말씀은 동물 해방을 위해 우리가 실천해야 할 것은 무엇보다도 육식을 하지 않는 것이겠네요?"

오빠를 놀리기라도 하듯, 아빠의 말에 맞장구를 쳤습니다.

"그렇지."

"오! 피터 싱어의 동물 해방 이야기를 하고 있었나 보네? 피터 싱어라면 내 전공인데…… 내가 존경하는 인물이기도 하고. 내가 채식주의자가 된 것도 피터 싱어의 영향이 컸으니까."

아저씨는 환하게 웃으며 우리들 곁으로 좀 더 바짝 다가앉으셨습니다.

"그래, 정 교수가 피터 싱어에 대해서 잘 알겠구먼. 그럼 이제 나는 좀 쉬고 정 교수에게 우리 아이들 좀 맡겨 볼까?"

아빠는 상추를 크게 한입 싸서 드셨어요. 양 볼이 개구리처럼 부풀어 올랐답니다.

"자, 맛있는 된장찌개가 식고 있어요. 일단 식사부터 하면서 말씀하시는 게 어떻겠어요?"

엄마의 말씀에 나는 기다렸다는 듯이 상추에 밥을 싸서 맛있게 먹었어요. 아저씨가 직접 끓이신 된장찌개도 맛있었어요. 오빠도 배가 고팠는지 허겁지겁 먹었습니다. 음식을 먹는 우리들의 입에서 야채가 씹히는 아삭아삭 소리가 재미있게 들렸답니다. 어느 정도 배가 불렀는지 오빠가 말했습니다.

"근데 육식이 꼭 나쁜 건가요?"

오빠는 아저씨에게 아니라는 말을 기대하는 듯 물었습니다.

"좋다, 나쁘다라고 말하기보다는 원인이 거기에 있다는 거야. 육식의 선택은 각자의 몫이니까 좋다, 나쁘다로 결론짓기는 어렵겠지. 그러나 동물의 고통과는 상관없이 경제적 이익만을 목적으로 공장식 집단 사육을 하는 것도 따지고 보면 수요가 많기 때문 아니겠니?"

아저씨가 말씀하는 것과 아빠가 말씀하시는 것이 거의 비슷했어요. 아마도 함께 일하시는 분이라서 그런가요? 아니면 뜻이 통하는 사람들이라서 그런가요?

"만약 사람들이 점점 채식으로 식습관을 바꿔 나간다면 어떤 일이 발생할까?"

"사람들이 고기를 잘 사 먹지 않겠죠."

오빠는 당연하다는 듯 대답했습니다.

"고기를 찾는 사람이 줄어든다면 고기 값이 낮아질 것이고, 가격이 낮아지면 고기를 만드는 사람들의 이익 또한 낮아질 거야. 이

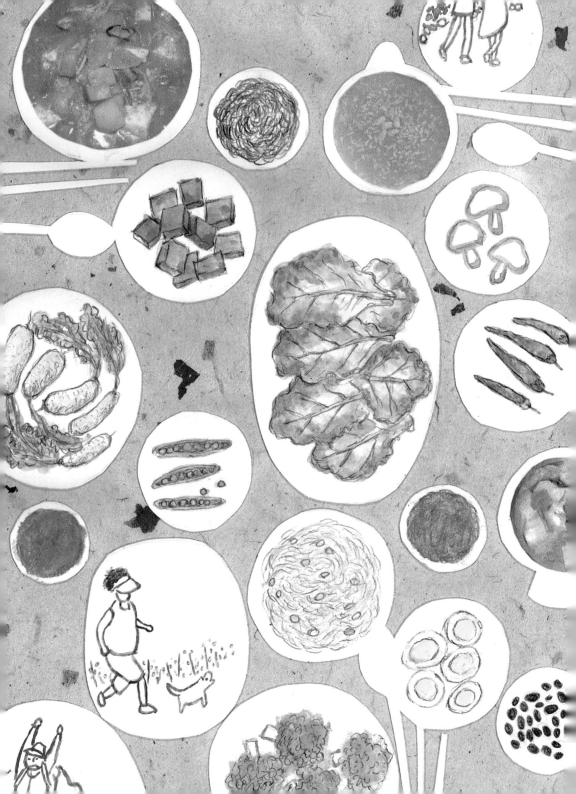

익이 낮아지면 낮아질수록 공장식 영농 사업의 이윤은 줄어들게 되고, 그렇게 되면 공장식 영농 사업은 결국 문을 닫게 될 거야. 결국 극심한 고통 속에서 사육되고 도축되는 동물들의 수는 줄어들겠지. 또 다르게 생각할 때 채식을 한다는 것은 동물 해방을 외치며 팻말을 들고 시위를 하는 것보다 공장식 영농을 사라지게 하는 훨씬 더 강력한 불매 운동이라고 할 수 있어."

아저씨의 설명에 고개가 절로 끄덕여졌어요.

"이제 왜 피터 싱어가 우리의 식탁은 동물 학대가 시작되고 끝나는 곳이라고 말했는지 이해할 수 있을 것 같아요."

"그런데 정말 고기를 안 먹고도 살 수 있어요?"

오빠는 좀 걱정스러운 표정을 지었습니다.

"피터 싱어는 충분히 그럴 수 있고 또 그래야 한다고 생각한단다. 나도 마찬가지고. 왜냐하면 고기를 필수품이 아니라 사치품으로 생각하기 때문이야. 사람들은 곡물만 먹어도 얼마든지 생명에 지장 없이 살 수 있는데 오로지 고기 맛을 즐기기 때문에 육식을 선호한다는 거지."

"자, 이야기가 잘 되어 가나? 나는 저쪽에 가서 주인 허락도 없이 이걸 몇 개 따 왔네."

아빠가 내민 것은 노란 참외였어요. 과일 가게에서 파는 것보다 훨씬 컸답니다. 엄마가 참외를 깎아 접시에 담으셨어요. 참외에서 달콤한 향기가 났습니다.

"정말 맛있다!"

달면서 아삭 씹히는 맛이 너무 좋았습니다.

"최고예요. 제가 먹어 본 참외 중에서 제일 맛있는데요?"

"누가 키운 건데?"

"하하하, 정 교수 정말 직업을 바꿔야겠어."

눈 깜짝 할 사이에 참외를 담은 접시가 깨끗이 비었습니다.

"우와! 배부르다."

"도시락도 못 싸오는 애들이 있는 판에 이렇게 많이 먹어도 되는 거야?"

아빠가 배를 통통 치셨어요.

"그래요!"

오빠는 뭔가 생각났다는 듯이 소리를 쳤습니다. 우리는 일제히 오빠를 바라봤죠.

"세상에는 먹을 것이 없어서 충분한 영양을 공급받지 못해서 죽어 가는 사람이 많잖아요?"

"많지."

"대규모 동물 사육을 통해 그런 사람들에게 더 많이 먹을 것을 주는 건 좋은 것 아닌가⋯⋯요?"

오빠는 방금 전과 달리 자신 없는 목소리로 말했어요.

"생각해 보면 그럴 것도 같은데 고기가 어떻게 만들어 지는지를 알고 나면 그 문젠 해결될 수 있어."

어느새 아빠는 아저씨에게 우리를 맡겨 두고 평상에 벌렁 드러누웠습니다.

"어떻게요? 어떻게 알 수 있어요?"

나는 호들갑을 떨면서 물었습니다.

"한 마리의 송아지가 1파운드의 단백질을 만들려면 21파운드의 단백질이 필요하단다. 어떤 연구 결과에 따르면 미국인들이 1년에 10%만 고기 소비를 줄인다면 최소한 1200만 톤의 곡식을 인간을 위해 사용할 수 있대. 이것은 우리나라 인구를 먹여 살리는데 사용하고도 남는 양이야."

"진짜요? 그 많은 식량이 남아요?"

"그럼, 실제로 풍요로운 국가에서 동물 생산을 통해 낭비되는 식량을 적절히 나누어 주기만 한다면 세상의 기아와 영양실조를 없앨 수 있다고."

"더 심각한 건……."

주무시고 계시는 줄만 알았던 아빠가 갑자기 벌떡 일어나셨어요.

"고기를 얻기 위해 무분별하게 산림을 파괴한다는 거야. 열대우림 지역이 소를 키우기 위한 곳으로 바뀌고 있어. 이렇게 파괴된 산림은 온실 효과라는 환경 문제를 야기하지. 온실 효과로 수많은 종들이 멸종할 거야. 그리고 해수면이 상승해서 인간을 포함한 수많은 동물들이 위협을 받게 되겠지. 결국은 우리의 육식 습관이 지구의 미래를 위협하고 있다고 할 수 있지."

아빠는 흥분하셨는지 어려운 말씀으로 길게 설명하셨어요. 그러고는 언제 그랬냐는 듯 다시 벌렁 드러누웠습니다. 그 모습이 우스운지 아저씨는 웃으셨지만 나와 오빠는 웃지 않았어요. 너무 심각한 이야기잖아요?

"고기를 먹는 게 우리의 삶을 위협한다니……."

"너희 아빠 말씀으로 비추어 볼 때 채식이 세상의 기아와 영양실조를 없애는 데도 도움 줄 수 있고, 환경오염과 파괴를 막아 줄 수 있어. 이런 점에서 보면 동물 해방은 곧 인간 해방이기도 하지."

갑자기 이야기를 하고 계신 아저씨가 위대해 보였습니다. 아저씨는 바로 채식주의자니까요. 그런데 어떻게 고기를 안 먹을 수가 있죠? 아저씨의 말을 들어 보면 정말 채식이 해결 방법인 것 같지만, 나는 야채만 먹으면 밥맛이 없던데……. 고기를 먹지 않는 것은 그리 단순한 문제가 아닌 것 같아요. 이젠 앞으로 간식으로 먹던 햄버거, 순대도 다 못 먹는다는 얘기 아니에요? 으, 그건 너무 가혹한 일인데……. 오빠도 나와 같은 생각을 하는지 얼굴을 찌푸리며 무언가 골똘히 생각하는 것처럼 보입니다.

"그러면…… 그 어떤 동물도 먹어서는 안 되나요? 예를 들면 물고기도 먹어서는 안 되나요? 새우나 굴 같은 것도요?"

"쾌락과 고통을 느낄 수 있는 존재라면 모두 도덕적 고려의 대상이 되어야 한단다."

"그럼 살아 있는 건 다 먹어서는 안 된다는 거예요? 딱딱한 껍질을 가지고 있는 굴이나 조개 같은 것도요?"

"굴, 조개 같은 건 매우 단순한 생물이야. 피터 싱어도 처음엔 굴과 같은 것들도 과연 고통을 느낄 수 있는지 매우 의심스러웠다고 해. 그래서 스스로 채식주의가 되었던 싱어도 한동안 굴, 조개 등을 먹었대. 그러나 그들이 고통을 느끼지 않는다는 확신이 서지 않아 먹지 않게 되었대.”

“그럼, 우리에게 남은 선택은 채식뿐이네요.”

일부러 그런 건 아닌데 갑자기 나는 힘 빠진 목소리로 말했습니다.

“참, 그런데 학교에서는 성장을 위해 계란과 우유를 꼭 먹으라고 하는데 그런 걸 먹으면…….”

괜찮지 않을까 하는 생각에 오빠가 말했습니다.

“그래서 채식주의자를 계란과 우유를 먹느냐 먹지 않느냐에 따라 일반 채식주의자와 완전 채식주의자로 나누지. 그렇지만 계란과 우유를 얻기 위해 암탉이나 젖소들은 가장 적은 비용으로 가장 많은 계란이나 우유를 생산하도록 고통을 받지. 그래서 원칙적으로는 계란이나 우유도 먹지 않는 완전 채식주의자들의 주장이 옳다고 할 수 있어. 그런데 현실에서 완전 채식주의자가 되는 것은 어려운 게 사실이지.”

아저씨의 설명에 이어 아빠가 말씀하셨어요. 아빠는 주무시는 것이 아니라 눈을 감고 우리의 이야기를 듣고 계셨던 것 같았습니다.

“정 교수 말대로 식사 습관에서 종차별적 요소를 한꺼번에 없애기란 사실상 어려워. 어려운 것을 강요해서 적은 수의 사람들이 동물 해방에 관심을 가지게 되는 것보다 크게 불편을 느끼지 않을 정도로 합리적이고 적절한 계획을 실천하도록 해서, 보다 많은 사람들을 동물 해방 운동에 동참시키는 것이 중요하다고 할 수 있어."

'오…… 그럼 아빠는 동물 해방 운동가?'

나는 아빠가 새삼 달라 보였습니다.

"나 같은 사람은 직접 고기를 먹지는 않지만 김치에 들어간 새우 젓이나 생선, 우유나 계란 같은 건 먹지 않니? 가족과 함께 생활을 하니까 나 혼자만의 식습관을 가질 수 없는 여건이잖아."

"그래서 아빠는 우리에게 치킨을 잘 사 주시지 않는 거군요?"

"난 또 우리 아빠가 구두쇠라 돈을 아끼시려고 그러는 줄 알았지요?"

오빠와 내가 한 말 때문에 모두가 웃었습니다.

"그렇지만 식습관을 스스로 관리할 수 있는 정 교수는 완전 채식주의자지. 된장찌개에 멸치 한 마리 안 넣은 것 보면 알겠지? 게다가 혼자 살잖아. 괜히 노총각이 된 게 아니라고."

"김 교수 지금 날 놀리는 거지? 처자식 있다고 자랑하는 거야?

완전 채식주의자라고 칭찬하는 줄 알았더니 알고 보니 노총각이라고 놀리네?"

"하하하."

우리 모두 즐겁게 웃었습니다.

"그런데……."

엄마가 걱정스러운 표정으로 말씀하셨습니다.

"그렇게 채식을 하게 되면 성장기 아이들에게 적절한 영양소 섭취가 가능할까요?"

"걱정 마십쇼. 이런 말 들어 보셨죠? 건강한 식사에는 단백질이 반드시 필요하며, 고기는 양질의 단백질을 많이 함유하고 있다고요."

"그래요, 제가 그래서 말씀드리는 거예요. 그래도 건강하게 자라야 하는 아이들에겐 그런 고기가 꼭 필요한 것 아닐까요?"

엄마의 말씀에 오빠가 '맞아, 맞아' 하면서 맞장구를 쳤습니다.

"하지만 고기만 단백질을 포함하고 있는 것은 아니잖아요. 그리고 단백질이 식물로부터 얻어졌는지 동물로부터 얻어졌는지 그건 중요하지 않아요."

"그래서 두부나 콩 같은 걸 많이 먹으라고 하나 봐."

나는 혼잣말처럼 말했지만, 아저씨가 제 말을 들으셨나 봅니다.

"그래, 콩이나 견과류의 식물로부터 충분한 단백질을 얻을 수 있다고 해. 그리고 채식은 우리가 살아가는 데 충분한 영양을 공급할 뿐만 아니라 건강에도 유익하다는 연구 결과들이 계속 발표되고 있고. 채식주의자들이 그렇지 않은 사람들에 비해 심장 마비로 죽을 확률이 훨씬 낮아. 또 낮은 콜레스테롤 수준을 유지하고 있지. 그만큼 성인병 예방에 채식이 효과적이라는 거야."

아저씨 말씀을 듣고 보니, 고기보다 야채가 더 좋은 음식 같아요.

"우와, 채식이 그렇게 좋은 거야?"

오빠도 놀라는 눈치였습니다.

"그럼, 저녁은 산채비빔밥 어때요?"

엄마가 말씀하셨어요.

"그래도 난 고기도 좋아하는데……."

오빠는 끝까지 아쉬운 모양이었습니다.

"그래? 그럼 윤석이를 위해서 특별히 계란프라이 하나 얹어 줄게. 정 교수님은 참기름을 듬뿍 넣어 드리고요."

"하하하!"

2 동물들의 이익을 존중하는 것

아저씨의 주말 농장에서 나오는 길에 우리는 식당에 들러 산채 비빔밥을 먹었습니다. 오빠와 나는 계란프라이를 얹고 어른들은 참기름을 듬뿍 넣어서 말이지요. 사실은 아저씨를 우리 집에 초대해서 엄마의 요리 솜씨를 보여 주고 싶었지만, 아저씨가 바쁘다고 해서 어쩔 수 없이 식당에서 음식을 먹었지요. 아쉬움을 뒤로 하고 아저씨와 작별 인사를 나눈 뒤 우리는 집으로 향했습니다.

여름이라 해가 길었습니다. 이른 저녁을 먹었는데도 밖은 환했습니다. 우리는 돌아오는 차 안에서 일반적인 채식주의자 가족이 되자고 몇 번이나 다짐을 했습니다. 그런데 오빠는 자꾸만 마음이 흔들리는지 이랬다저랬다 했습니다.

"윤석이가 결심을 하지 못하는 걸 보니 자꾸 고기 생각이 나나 본데?"

"에이, 아빠! 아직은 힘들다고요. 천천히 실천해 볼게요."

"아마 오빠는 힘들걸? 햄버거도 좋아하고 핫도그도 좋아하고 그 뭐야, 닭꼬치도 좋아하잖아? 오빠는 만날 학교에서 돌아올 때 그런 군것질을 한다니까요!"

"네가 봤어?"

"봤어!"

"만날 그러는 거 봤냐고? 안 사 먹을 때도 있는데……."

"돈이 없어서 그랬겠지. 안 봐도 뻔해. 이 배 나온 것 봐. 이게 다 지방과 고기 때문에 나온 거 아니야?"

"이게 어디 함부로 오빠 배를 만져?"

"어때?"

"쉿! 조용. 아빠 운전하시는 데 방해되겠다. 좀 조용히 좀 가자."
엄마는 오빠와 나의 말다툼을 말리셨습니다.

"아빠, 나는 채식주의자가 될 수 있어요. 난 산채비빔밥도 좋아하고 김치도 좋아하니까요. 그리고 무엇보다 오빠보다 참을성이 많거든요. 히히."

"잘났다! 흥."

"허허허, 그만해."

아빠가 웃으시며 꾸짖으셨어요.

"근데, 아빠. 저 또 궁금한 게 있어요. 식물도 살아 있는 건데 그걸 막 자르고 뽑아서 먹는 것도 나쁜 거 아니에요?"

오빠가 물었습니다.

"사실 죽은 동물을 먹는 것과 수확한 식물을 먹는 것은 근본적으로 달라. 윤진이는 텔레비전에서 동물을 죽이는 장면을 보거나 실제로 괴롭히는 모습을 보면 기분이 어떠니?"

아빠의 질문에 나는 야개가 먼저 떠올랐습니다. 그저 가엾고 불쌍하다는 생각이 들었는데, 왜 그런 생각이 들었는지 깊이 생각해 본 적은 없거든요.

"음…… 정확하게 말할 수는 없는데요, 기분은 안 좋아요. 괜히 저렇게 하면 나중에 벌 받을 거 같고, 멀리서 도와 달라고 부를 것만 같아요."

"윤진이가 동물한테 그렇게 정이 많은 줄 미처 몰랐네. 하하. 하지만 대부분 사람들도 윤진이와 비슷한 감정을 가질 거야. 사람들이 동물 죽이는 것을 혐오하고 불편해하는 이유는 동물이 인간과 비슷한 존재라는 감정을 가지고 있기 때문이지. 우리가 동물 죽이는 것을 두려워하고 피 냄새를 맡으면 불편해하는 것과 어린 아이들이 갖는 동물에 대한 애착은 인간이 태어날 때부터 갖게 되는 감정이라고 할 수 있어. 사실 처음부터 고기를 즐겨 먹는 아이들은 별로 없어. 하지만 고기가 몸에 좋다고 잘못 알고 있는 부모들의 끈질긴 노력의 결과로 아이들이 육식에 익숙해지는 거지."

"그럼, 내가 이렇게 고기를 좋아하는 것은 다 엄마 책임이에요. 엄마가 아기 때 고기를 너무 많이 먹인 것 아니에요? 그래서 내 입맛이 변한 거고……."

오빠가 엄마를 슬쩍 쳐다보았습니다.

"얘가 생사람 잡네! 넌 특이하게도 원래 고기를 좋아했어. 그리고 그땐 아빠도 채식주의하고는 먼 사람이어서 식단에 별로 신경 쓰지 않았고."

엄마는 억울해하셨어요.

"맞아, 나도 원래 육식을 좋아했어. 정 교수를 만난 3년 전부터 채식주의자가 된 거지."

아빠의 말씀에 오빠는 위로가 된 모양입니다. 슬쩍 웃어 보였거든요.

"어쨌든 아빠, 식물을 먹는 건 잘못된 게 아니냐고요?"

"그래, 윤석이가 질문했는데 대답은 안 하고 딴청만 부렸구나. 식물은 동물과 달라. 식물은 인간이 느낄 수 있는 한계 안에서 쾌락과 고통이란 감정을 가지고 있지 않기 때문이야. 인간이 식물에 대해 느끼는 유대 감정은 동물보다 훨씬 약하지. 곡식을 수확하고 과일을 딸 때 우리는 생명을 죽인다는 생각을 하지 않잖아? 그만큼 식물은 우리에게 부담 없는 편한 먹을거리라고 할 수 있어."

"동물의 이익에 관심을 갖는 것은 동물이 도덕적 고려의 대상이기 때문이고 쾌락과 고통을 느낄 수 있는 존재라고 하셨죠?"

"그렇지."

"그러면…… 식물은요? 지난번 텔레비전에서 보니까 식물도 감정이 있다면서 음악도 들려주고 하던데."

"그래, 최근 식물도 쾌락과 고통을 느낄 수 있다는 주장이 나오고 있어. 하지만 아직까지는 그러한 주장을 강력하게 뒷받침해 주는 실험은 없어. 그러니까 적어도 아직까지 식물은 도덕적 고려의 대상이 아니라고 할 수 있지."

"하지만 만약에 식물이 고통을 느낀다는 결정적인 증거가 나타
난다면 어떨까요? 그때는 식물도 이익을 가지고 있으니까 우리는
동물은 물론이고 식물도 먹어서는 안 되잖아요. 그러면…… 우리
는 굶어 죽을 것 같은데……."

나는 슬그머니 걱정이 되었습니다.

"그렇지 않아. 우리가 생존하기 위해서 존재하는 다른 것들에게
불가피하게 고통을 줄 수밖에 없다면, 우리는 되도록이면 상대적
으로 고통이 적은 것을 선택하면서 살아가야 할 거야. 설사 식물
이 고통을 느낀다는 것이 밝혀진다고 해도 식물은 동물에 비하면
고통을 훨씬 덜 느끼겠지?"

"아마도…… 그렇겠죠."

아빠의 말씀이 일리가 있어 나는 고개를 끄덕였습니다.

"그렇다면 우리는 동물을 먹기보다는 식물을 먹고 사는 길을 선
택해야 할 거야."

오빠가 다시 질문을 했습니다.

"그런데 〈동물의 왕국〉 같은 걸 보면 동물들은 다른 동물들을 잡
아먹잖아요?"

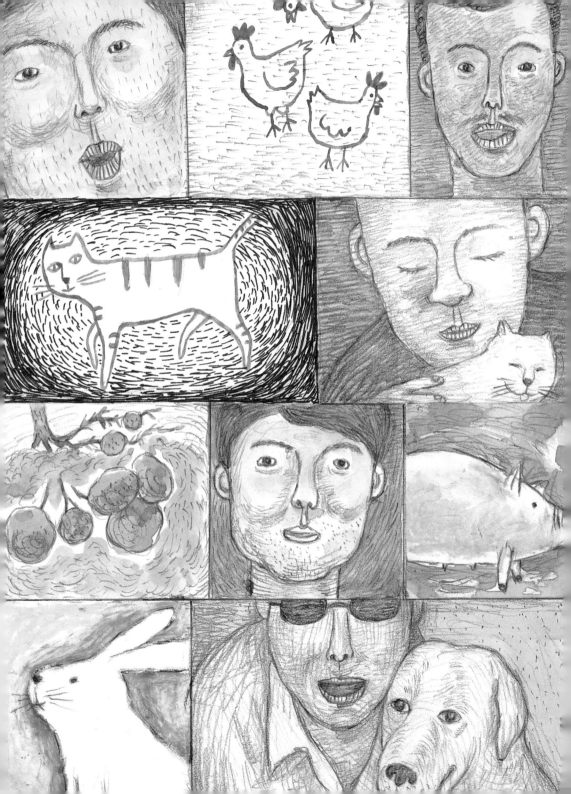

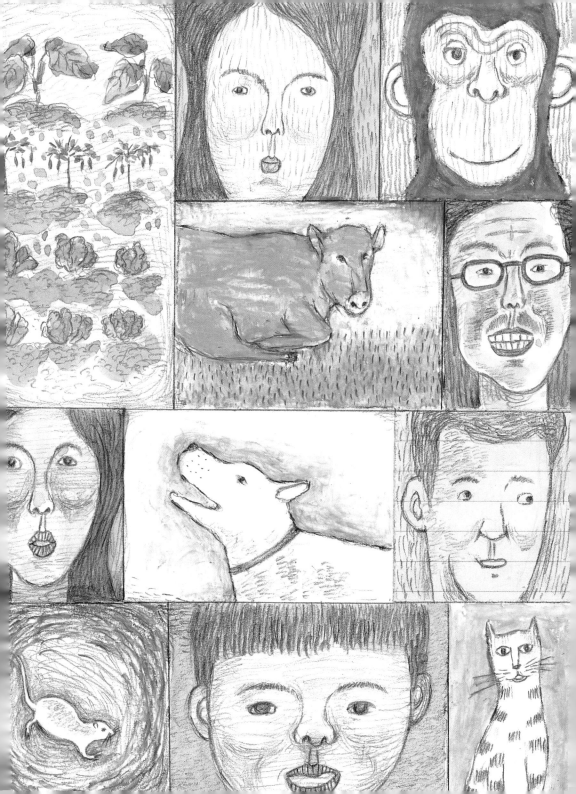

"그렇지."

"그런데 왜 우리는 다른 동물들을 잡아먹어서는 안 되는 거지요?"

"동물과 인간의 환경이 다르잖니. 포식 동물들이 다른 동물들을 잡아먹는 것은 살기 위해서 다른 선택의 여지가 없다고 할 수 있지. 하지만 인간은 포식 동물들과는 달리 동물들을 잡아먹지 않고도 살 수 있어. 그리고 먹기 위해 죽이는 문제에 대해 도덕적인 선택을 할 수 있는 능력도 있어. 그러한 능력이 있음에도 우리가 도덕적 선택을 할 능력이 없는 동물들의 행동을 따라하면서 선택에 대한 책임을 피할 수는 없는 일 아니겠니?"

"맞아!"

나는 아빠의 말씀에 공감을 해서 큰소리로 말했습니다.

"오늘날 사람들은 동물 고기가 아니더라도 음식을 쉽게 얻을 수 있어. 그래서 피터 싱어는 현대인에게 육식은 필수가 아니라 일종의 사치라고 한 거야. 우리가 도덕적인 것을 선택할 수 있는 인간이라면 우리 입맛의 사치를 위해 동물에게 고통을 주고 생명을 빼앗는 일을 당연히 해서는 안 되지."

아빠의 말씀이 끝나기가 무섭게 기다렸다는 듯 오빠가 물어봤어요.

"그럼 또 질문이요. 인간에게 못된 짓을 하는 동물은 죽여도 되는 거죠? 예를 들면 창고에 쌓여 있는 쌀을 훔쳐 먹는 쥐 같은 경우는 죽여도 되는 거 맞죠? 그렇죠?"

"당연하지, 때려잡든 쥐약을 놓아 잡든 잡아 죽여야지."

나는 오빠의 질문에 맞장구를 쳤습니다. 오빠는 자신의 생각이 맞을 거란 생각에 의기양양한 것처럼 보였어요.

"하지만! 여기서 피터 싱어는 가능한 한 그러한 경우에도 동물들의 이익을 최대한 존중하면서 생활에 필수적인 식량을 빼앗기지 않을 방법을 찾아야 한다고 주장했어."

"아이, 사람이라서 너무 힘들어요. 왜 우리에게 해를 끼치는 동물들의 이익을 존중해야 한다는 거예요?"

나는 조금 억울한 생각이 들었답니다. 도덕적인 판단을 할 줄 아는 사람이라도 해를 입히는 동물까지 존중해야 한다니⋯⋯. 정말 억울한 일 아니에요? 나는 답답해서 가슴을 쳤어요.

"윤진아, 여기서 한번 쥐의 입장에서 생각해 보자. 쥐들은 식량을 훔쳐서 인간에게 해를 가하려는 의도로 쌀을 훔쳐 먹는 것이 아니야. 단지 먹을거리가 없어서 살기 위해 먹은 것인데 그것이

공교롭게도 인간의 식량인 쌀이었던 것 뿐이지. 창고의 쌀을 먹는 쥐에 대해 무조건 잡아야 한다, 죽여야 한다는 그런 표현은 지극히 인간 중심적인 태도라고 할 수 있어."

"그것 참, 어렵네……."

오빠가 한숨을 쉬었습니다. 한숨 소리가 어찌나 컸던지 우리는 웃고 말았어요.

"조금 더 신중하게, 쥐에게 최소한의 피해를 주면서 우리의 이익을 지킬 수 있는 방법을 찾아야 하지 않을까?"

"그런 방법이 있을까요?"

엄마도 궁금하신지 슬그머니 물었습니다.

"있다면 물론 좋겠지만……."

좋은 방법이 떠오르지 않아 나는 고개를 갸우뚱했습니다.

"피터 싱어가 제안하는 방법은 피임약을 사용하는 거야."

"피임약?"

아빠의 말씀에 엄마와 오빠 그리고 나는 동시에 되물었습니다.

"피임약을 먹이는 방법은 때려죽이거나 약을 먹여 극심한 고통을 겪으면서 죽게 하는 것보다 훨씬 더 도덕적인 방법일 수 있다는 거야. 생태계의 개체수 균형이 깨지면 생태계도 파괴돼. 만약 코끼리가 너무 많이 태어나면 생태계는 파괴되고 다른 동식물도 살 수 없어. 코끼리의 이익을 고려하면서 코끼리의 개체수를 줄이는 합리적인 방법은 뭘까? 사냥꾼을 동원해서 코끼리를 죽여야 할까? 그것보다는 피임약을 사용해서 코끼리의 출산을 줄임으로써 적당한 개체수를 유지하는 것이 합리적이고 도덕적인 방식이라고 할 수 있지."

아빠의 어려운 설명에 우리는 한참 동안 말이 없었습니다.

"동물에 대해 관심을 갖고 동물도 인간처럼 도덕적 고려의 대상으로 삼아야 한다는 말씀은 충분히 이해가 가요. 하지만 우리는 인종차별, 성차별, 빈곤, 기아, 질병도 아직 문제잖아요. 제 생각에는 동물에 대한 관심과 배려보다는 빈곤, 기아 등과 같은 인간의 문제에 대해 더욱 관심을 가져야 하지 않나요?"

오빠가 마침내 입을 열었습니다.

"그래, 윤석이 생각이 모두 잘못되었다고는 할 수 없어. 만약 동물과 인간이 동일한 고통에 처해 있다면, 인간의 고통을 우선 해결해야겠지. 하지만 동물에 대해 관심을 갖고 배려한다고 해서 인간에 대한 관심과 배려가 없어지거나 적어지는 것은 아니란다."

우리는 모두 아빠의 말씀을 조용히 듣고 있었습니다. 아빠는 계속 말씀하셨습니다.

"공장식 집단 사육으로 상품화된 고기 불매 운동에 동참한다고 해서 인간의 문제에 무관심하다고 볼 수 없어. 오히려 인간의 기아, 복지 및 환경 보전에 관심이 있는 사람들은 바로 그러한 이유 때문에라도 채식주의자가 되어야 하지 않을까? 채식주의가가 되면 다른 지역의 사람들이 먹을 수 있는 곡식의 양이 증가될 테고, 또 공해가 줄어들 것이며, 산림이 훼손되는 것도 막을 수도 있을 거야."

오빠는 고개를 끄덕였습니다.

"그렇겠군요. 결국 동물의 이익을 생각하는 것이 인간의 이익을 생각하는 일이군요."

"그렇지, 오빤 늘 하나밖에 모른다니까! 하나를 가르쳐 주면 둘을 깨칠 줄 알아야 하는데……."

나는 오빠를 향해 혀를 끌끌 찼습니다.

"그럼, 넌 알고 있었다는 거야? 뻥! 너도 나 같은 생각을 해서 그렇게 열심히 들었던 것 아니야?"

오빠가 저를 윽박질렀습니다.

"아니……야."

"왜 자신 없이 말해? 사람이 좀 솔직해져 봐."

"피……."

"그런데 여보, 대체 사람들은 언제부터 이렇게 동물 해방에 관심을 가지게 되었지요? 아직도 동물의 이익보다 인간 중심의 이익을 더 중요하게 생각하는 것으로 봐서는 얼마 되지 않은 것 같기도 하고……."

엄마는 조심스럽게 물었어요.

"당신 말이 맞아. 피터 싱어가 《동물 해방》이라는 책을 내놓으면서부터 동물 해방에 대한 논의와 운동이 활발해졌다고 볼 수 있어. 그게 1975년도의 일이지."

"어머, 그럼 그 이전까지는 동물의 고통에 대해 거의 아무런 관심을 기울이지 않았다는 거네요?"

"전혀 없었던 것은 아니지만, 거의 그렇다고 볼 수 있지."

"어떻게 그럴 수 있죠? 이성적 존재라는 똑똑한 인간이 그동안 살아 온 시간이 얼마인데……."

"목욕탕에 들어갈 때 처음엔 뜨거워서 발도 넣지 못할 것 같다가도, 한번 들어가면 뜨거운 것도 모르고 시원해하고 금세 좋아하는 것처럼, 한 집단에 속한 사람들이 그 사회의 편견을 의식하지 못하는 것도 같은 이치라고 할 수 있지. 이런 의식을 철학적으로 '집단적 허위의식'이라고 해. 이를테면 인종차별, 성차별이 사람들 사이에서 자연스럽게 받아들여졌듯이, 오늘날은 사람들이 종차별이라는 편견을 의식하지 못한다고 할 수 있어."

"그래서 철학이 필요한 거예요?"

나는 왜 아빠가 하필이면 철학 교수님인지 늘 불만이었습니다. 멋있는 예술가처럼 미술이나 음악, 문학을 가르치는 교수님이었으면 더 좋겠다는 생각을 해 왔거든요. 철학은 어렵기만 하고 아무 쓸모없는 학문이라는 편견이 있었던 것이지요. 그러나 아빠 말씀을 듣고 보니, 그러한 편견을 없애기 위해서라도 문제에 대해 깊이 생각하는 철학이 꼭 필요하다는 생각이 들었어요.

"그래, 철학을 한다는 것은 한 시대가 당연한 것으로 받아들이고 있는 가정, 즉 편견에 대해 의문을 제기하고 비판적으로 깊이 생각하는 일이야. 그렇게 해서 사람들이 편견으로부터 벗어나 올바른 의식을 갖게 하는 것이 철학이 해야 할 의무이고, 또 존재하는 이유지."

"그런데 피터 싱어 같은 철학자가 종차별이라는 편견에 대해 벌써 수십 년 전에 잘못됐다고 말했는데도 아직도 대다수의 사람들이 동물 실험을 하고 육식을 하면서 동물에게 고통을 주고 있잖아요."

"철학자들이 반대했다고 해서 편견은 쉽게 사라지는 것은 아니야. 시간과 노력이 필요하지. 그렇지만 이미 변화는 시작됐고 또 많이 변하기도 했어. 이제 사람들은 동물 실험을 거치지 않은 화장품을 선호하기 시작했고, 모피를 입지 않겠다는 영화배우, 모델, 그리고 의상 디자이너들의 맹세가 줄을 잇고, 채식 식당이 늘어나고 있는 것만 봐도 많이 달라지고 있는 게 느껴지지 않니?"

"맞아요, 우리 가족도 오늘부터 채식주의자가 되기로 다짐했잖아요? 오빠가 실천할 수 있을지 잘 모르겠지만 어쨌든!"

"또…… 너 자꾸 날 걸고넘어질래? 지켜보면 될 것 아니야? 왜 나는 실천하지 못할 거라는 편견을 갖니? 너 그거 잘못된 거야. 맞죠?"

오빠는 아빠를 바라보며 동의를 구했습니다.

"그래, 오빠가 육식을 좋아하니까 채식을 하지 못할 거라고 의심하는 것도 편견인 것 같다. 한번 지켜봐 주는 건 어때? 윤진아."

아빠의 말씀에 할 말을 잃었습니다.

"네……."

내가 너무 심하게 오빠를 다그쳤나 봅니다. 나도 아직 편견으로부터 자유롭지 못한 것 같아요. 그렇지만 한 가지, 동물 해방에 대해서는 편견 없이 받아들일 충분한 자세를 가지게 되었다는 것만큼은 확실합니다.

3 우리 집 개 '내개'

"어? 저 개는 아까……."

앞자리에 앉으신 엄마가 앞을 가리켰고, 아빠는 급히 차를 세웠습니다. 저와 오빠는 무슨 일인가 싶어 창밖을 내다보았습니다. 야개가 절뚝거리며 아이들을 피해 달아나려고 발버둥치고 있었어요. 아이들이 긴 막대기로 야개를 찌르며 장난을 치고 있었어요.

"불쌍한 야개……."

야개의 안타까운 모습에 절로 얼굴이 찡그려졌습니다.

"아이들이 왜 저렇게 몹쓸 짓을……."

엄마도 혀를 끌끌 찼습니다.

"만날 그래요. 야개는 아이들의 장난감이 되었다니까요."

"주인이 없으니까 그렇지. 만약에 주인 있는 개 같았으면 저렇게 하겠어? 주인한테 걸리면 맞아 죽을걸? 다행히 주인이 없으니 아이들이 맘 놓고 장난치는 거지."

오빠는 괴롭힘 당하는 야개가 아무렇지 않은가 봅니다.

"그게 다행이야? 불행이지? 오빠는 지금까지 무슨 얘기를 들은 거야? 역지사지! 야개 입장에서 생각해 봐, 그게 다행인지 불행인지. 그리고 동물 해방! 지금 야개가 고통스러워하는 것 같아, 즐거워하는 것 같아? 상황을 잘 보라고."

"누, 누가 뭐라 그랬냐? 나도 야개가 불쌍하지만 주인이 없으니까 어쩔 수 없는 일이라고 했지. 아무리 애들을 말려 봐라. 그때뿐이지, 아무도 보지 않으면 또 괴롭힐 텐데, 뭐."

"맞아…… 오빠 말이 맞아."

어떤 면에서는 오빠 말이 맞을 수도 있어요. 나는 골똘히 생각했어요.

"그렇지? 내 말이 맞지? 그러니까……."

"아빠! 엄마!"

내가 갑자기 소리를 지르자 오빠가 말을 뚝 끊고는 나를 쳐다보았습니다.

"좋은 생각이 있어요!"

"뭐?"

가족들이 모두 나를 쳐다봤어요. 나의 눈은 초롱초롱 빛났답니다.

"우리 가족에게 오늘은 아주 의미 있는 날이잖아요? 채식주의를 선언한 뜻 깊은 날!"

"그래서?"

"채식주의를 선언한 건 무슨 이유에서예요?"

"그야…… 동물……."

나는 오빠의 말을 끊고 계속 이야기를 했습니다.

"오늘 아빠의 이야기를 듣고 정말 많은 걸 깨달았어요. 오늘 처음 들어 본 피터 싱어라는 사람을 존경하게 되었고요. 피터 싱어가 동물 학대에 대해 이의를 제기하고, 이론을 펼친 철학자라서 존경하는 게 아니에요. 동물 해방을 위해 채식을 주장한 것에 그치지 않고 바로 자신의 삶에서 채식을 실천하는 모습에 감동해서 존경하게 된 거예요."

"김윤진, 너무 서론이 긴 거 아니야? 대체 그 얘기가 갑자기 왜 나오는 거니? 야개 얘기하다 말고……."

오빠가 내 말을 가로막았습니다.

"바로 그거야. 피터 싱어가 존경스러운 건 바로 생각을 실천으로 옮겼기 때문이야. 동물 해방을 멀리서 외칠 필요는 없어. 바로 우리가 실천할 수 있는 걸 해야지. 오빠는 야개가 주인이 없어서 괴롭힘을 당한다고 했지? 그럼, 결론이 나온 거나 다름없잖아. 우리가 야개의 주인이 되는 것! 그럼, 우린 야개를 고통에서 벗어나게 해 줄 뿐 아니라 돌봐 주기도 하니까 동물 해방을 몸소 실천하게 되는 셈이고, 야개는 고통에서 해방되어 쾌락을 느끼게 될 것이고! 딱이네!"

나는 흥분해서 무릎을 쳤습니다.

"글쎄…… 윤진이 말이 맞긴 한데 어째 난…… 정말 집에서 동물을 키우는 건 싫은데……."

엄마가 얼굴을 찌푸렸습니다.

"야, 김윤진! 아무리 그렇다고 야개를 어떻게 우리가 키워? 잘 봐, 저 개가 집에서 키울 수 있는 개인지. 못생겼지, 더럽지, 게다가 다리도 절뚝거리지…… 저런 걸 어떻게!"

"그런 이유로 아무도 돌봐 주지 않으니까 우리가 키우자는 거 아니야? 못생기고 더럽고 절뚝거린다고 키우지 못한다는 건 굉장히 이기적인 편견이야. 맞죠?"

엄마와 오빠가 제 말에 전혀 동감을 하지 않자, 나는 아빠를 쳐다보았습니다. 아빠도 조금 곤란한 표정을 지었습니다.

"윤진이 말이 백번 맞다. 그렇지만 아빠도 딱히 뭐라 말할 수 없는 게 다른 가족의 동의가 있어야 키울 수 있을 것 같은데? 야개가 못생기고 더럽고 다리를 절뚝거려서가 아니라, 야개를 데리고 와서 오빠와 엄마가 괴롭다면 그것도 좀 생각해 봐야 하지 않겠니?"

"에이, 아빤 내 편이 되어 주실 줄 알았는데……."

"저 개, 아니 야개에게 주인이 없다는 건 확실하지?"

아빠는 나에게 그렇게 묻고 뭔가 심각하게 생각하셨어요.

"그렇다니까요. 벌써 몇 주째 저러고 돌아다니고 있어요. 확실히 주인 없는 개예요."

"그렇다면…… 나는 오늘 우리가 주고받았던 동물 해방 이야기를 잘 한번 생각해 보고, 엄마와 오빠가 마음을 바꾼다면 야개를 키우는 것에 대한 내 의견은 오케이야!"

아빠가 오케이하자 나는 환호성을 지르며 좋아했습니다. 여전히 오빠와 엄마는 탐탁지 않은 표정이었습니다.

"만약에…… 우리가 야개를 키우지 않는다면 야개는 아이들의 괴롭힘 속에 살다가 지나가는 차에 깔려 죽거나 굶어 죽을지도 몰라요. 오빠 말대로 야개는 못생기고 더럽고 다리까지 절뚝거리니까 어느 누구도 돌봐 주려고 하지 않을 테지요. 야개가 그렇게 살다가 죽어 가는 걸 생각해 보세요."

나는 애처롭게 말하며 엄마를 쳐다보았습니다. 엄마의 표정은 참 난처해하는 것 같았어요.

"난…… 어렸을 때부터 그다지 동물을 좋아하지 않았어. 동물을 좋아하는 사람들이 있는가 하면 싫어하는 사람도 있는 거야. 모두 동물을 좋아해야 한다는 법은 없잖아? 그래서 동물을 집에서 키우는 건 한 번도 상상해 본 적이 없어…… 그래서……."

나는 숨을 죽이고 엄마의 다음 말을 듣기 위해 귀를 기울였습니다. 엄마는 자꾸 뜸을 들이셨어요.

"그래서…… 그렇지만…… 윤진이 말대로 우리가 돌보지 않으면 야개가 평생…… 에이, 모르겠다. 그래, 우리가 데려다 키우

자. 대신 윤진이가 잘 씻기고 돌봐야 한다는 것만 명심해!"

엄마는 결심을 하신 듯했어요.

"야호!"

나는 벌떡 일어났다가 앉았습니다. 차가 들썩거렸어요.

"다음은 오빠 차례야! 어떻게 하겠어?"

아빠에 이어 엄마까지 허락을 하자 나는 좀 당당해졌어요. 이미 판세는 내게로 기운 것이 틀림없으니까요. 벌써 과반수는 넘었거든요.

"나?"

오빠는 화들짝 놀랐습니다.

"그래, 어떻게 하겠어? 오빠는 키우기 싫지? 오빠도 저 애들처럼 야개에게 장난치는 게 재미있을 테니까. 그리고 오빠는 채식조차 실천하기 힘들어하니까 아마도……."

"너, 내가 무슨 결정을 할지도 모르면서 자꾸…… 나, 나도 키우자고 하려고 했어. 뭐! 야개가 얼마나 고통스러울까 뭐, 그런 생각을 했다고. 그래서 우리가 키우는 게…… 몰라몰라몰라!"

"우와! 그럼 만장일치! 아빠 우리 야개를 데려다 키우는 거 맞죠? 엄마 그렇죠? 오빠, 정말 고마워."

나는 박수를 치며 소리를 질렀답니다.

"내 개야!"

"어째서 야개가 오빠 개야? 내 개야."

"밥을 더 많이 주는 것도 나고, 더 많이 놀아주는 것도 나잖아? 그러니까 내 개지."

"처음에 야개를 데려오자고 했던 건 바로 나였어. 오빠는 야개를 데려오는 거 싫어했잖아?"

"싫어한 게 아니라, 조금 망설였던 것뿐이지. 내가 동의하지 않았다면 야개는 지금 여기 없었어."

"오빠가 데려오지 않겠다고 해도 엄마와 아빠가 허락하셨으니까 데려왔을 거라고. 그러니까 내 개야."

오빠와 나는 야개를 밀고 당기며 싸운답니다. 야개는 낑낑거리며 끌려 다니고요.

주말 농장에서 돌아오는 날, 우리는 야개를 데리고 동물 병원으로 갔습니다. 야개를 깨끗이 씻기고, 예방 주사를 맞히고, 다친 다리를 검사받았습니다. 다리는 골절이 된 상태로 굳었기 때문에 다른 치료를 할 수 없다고 했지만 더 이상 나빠지지는 않는다고 했

습니다. 평생 절뚝거려야 하지만 이미 굳은 상태라 야개가 아파하
지는 않을 거라고도 했습니다. 말끔하게 씻은 야개는 정말 귀여웠
습니다. 퍼그의 특징은 미간이 주름지고, 턱이 축 늘어진 것이라
고 했습니다. 야개가 못생긴 것이 아니라 퍼그가 원래 그렇게 생
긴 것이었습니다. 그런 야개가 무척 귀여웠습니다.

 오빠와 나는 하루에도 열두 번 야개를 서로 자기 개라고 우겼습
니다. 서로 밥을 주고 산책을 나가겠다며 싸우는 통에 엄마의 잔
소리를 들어야만 했습니다. 다행히 엄마도 야개를 좋아하게 되었
습니다. 실제로 키워 보니 동물 역시 사람과 비슷한 감정을 가지
고 있는 것 같다면서 예뻐하셨습니다. 어떤 때는 오빠와 나보다도
엄마가 야개를 더 많이 챙겨 주셨습니다.

"너희들 자꾸 싸울래? 그럼, 야개를 키우지 않을 수도 있어!"
엄마의 단호한 말씀에 우리는 깜짝 놀랐습니다.
"그럼, 다시 길거리에 버리시겠단 말씀이세요?"
"말도 안 돼!"
"누가 버리겠대? 너희보다 더 잘 돌봐 주는 곳으로 보낼 수도 있
다는 거지. 이모네라든지, 아님……."
"안 돼요!"

오빠와 나는 동시에 소리를 쳤습니다.

"그러니까 야개를 괴롭히면서 싸우지 말고 이제 공부들 좀 하셔!"

"치."

"아참, 그나저나 이 개 이름이 '야, 개!' 라고 해서 야개라고 했지?"

"네."

"꼭 떠돌이 개 이름 같지 않니? 너도나도 막 불러 대는 이름 같잖아. 이제 어엿이 주인이 있는 개인데 말이야."

"그러네."

"그냥 야개라고 불려서 당연히 야개로 불렀는데 엄마 말씀을 듣고 보니 그렇군요?"

"그럼, 너희들 싸우지 말고 야개의 이름을 새로 짓는 게 어때?"

"그거 좋겠다. 나는 이 녀석이 씩씩하게 자라도록 장군이로 짓는 게 좋을 것 같아요."

오빠는 늘 생각해 오던 이름이었는지 고민도 없이 바로 이름을 말했습니다.

"장군이가 뭐야 장군이가! 멍군이가 낫겠다. 아롱다롱 예쁘니까 아롱이라고 지을까?"

"그건 여자 이름 같잖아? 야개는 수컷이라고!"

"그럼, 다롱이!"

"너무 유치해!"

"장군이 보단 낫다, 뭐!"

"장군이가 더 낫지. 내 개니까 내가 이름 지어 줄 거야. 장군이로 할래."

"안 돼. 오빤 왜 자꾸 야개를 자기 개라고 우기는 거야? 내 개라니까!"

"어? 또 자기 개라고 하네? 어째서 네 개냐? 내 개라니까!"

"그만, 그만! 너희 자꾸 싸울래? 차라리 엄마가 이름을 짓는 게 낫겠다."

엄마는 오빠와 나를 갈라놓았습니다.

"엄만 뭐라고 지을 건데요? 다롱이가 낫겠죠?"

"장군이가 낫지요?"

엄마는 고개를 저었습니다.

"음……."

그리고 한참을 생각하시더니 환하게 미소를 지으셨어요.

"너희들이 자꾸 내 개라고 우기면서 싸우니까 '내개'가 좋겠다. 내개야, 하고 부르면 누가 부르든 모두 자기 개가 되는 거잖아."

"어? 정말!"

"그거 좋겠다. 내개야~"

"내개야~ 이리 와."

"내개야~ 형한테 와."

"히히히, 내개야~"

야개가 아닌 내개는 꼬리를 살랑살랑 흔들었어요.

동물 해방 운동은 다른 해방 운동보다 어렵고 힘들다

피터 싱어에게 '해방'이란 무엇일까요? 그것은 정당한 근거 없이 편견과 차별로 인해 도덕적 고려의 범위에 벗어나 있던 대상들에게 도덕적 지위를 부여함으로써 그들을 억압과 고통으로부터 벗어나게 해 주는 것을 의미합니다. 이를테면 노예 해방 운동을 통해서 노예에게 도덕적 지위가 부여되었고, 흑인 해방 운동을 통해서 흑인들에게 도덕적 지위가 부여된 것처럼 말입니다.

피터 싱어는 벤담의 글을 빌려 다음과 같이 말하고 있어요.

"한 존재에게 도덕적 지위를 부여하려고 할 때 중요한 것은 이성적 능력을 가지고 있는가 혹은 말을 할 수 있는가가 아니라 고통을 느낄 수 있는가이다."

따라서 고통과 쾌락을 느낄 수 있는 존재에게 모두 도덕적 지위가 부여되어야 해요. 우리는 도덕적 고려의 대상을 다른 종의 구성원에로 확장하지 않을 이유가 없어요.

하지만 다른 해방 운동에 비해 동물 해방 운동에는 많은 어려움이 있어요.

첫 번째 어려움은 동물들은 자신이 받는 무자비한 학대에 대해 조직적으로 저항할 수 없다는 데 있어요. 한 집단이 억압에 대항하고 조직을 이루는 능력이 떨어질수록 그 집단은 그만큼 쉽게 억압당하게 되고, 역으로 그러한 억압으로부터 벗어나기는 그만큼 어렵답니다.

이를테면 흑인이나 여성들이 각자 처해 있는 상황을 자각하고 평등한 권리를 요구하지 못했다면 그들의 해방은 더 많은 시간이 필요했을 거예요.

그런데 동물은 흑인이나 여성과는 달리 자신이 처해 있는 불합리한 상황을 자각하지도 못하고 그것의 개선을 요구할 수도 없어요. 그런 까닭에 동물 스스로가 해방의 주체가 된다는 것은 불가능해요. 그러므로 우리들은 동물들이 억압과 고통으로부터 벗어날 수 있도록 도와주어야 하죠.

두 번째 어려움은 억압하는 집단의 거의 대부분이 억압에 가담하고 있으며, 억압함으로써 이득을 얻고 있다는 데 있어요. 고기를 매일 먹는 사람들은 동물의 이익, 적어도 고통 받지 않을 최소한의 이익을 무시함으로써 이익을 얻고 있어요. 그런 까닭에 동물 해방을 설득하기는 더욱 어려워요.

마지막으로 피터 싱어에 따르면 습관은 동물 해방 운동이 직면하는 최후의 장벽이랍니다.

우리는 동물 해방 운동을 특정한 동물 애호가들의 전유물로 간주해 버리는 습관이 있어요. 이것 때문에 동물 해방 운동은 우리들과는 거리가 있다는 편견을 갖게 됩니다.

그리고 우리는 일반적으로 '동물'이라는 용어를 '인간을 제외한 다른 동물'이란 뜻으로 습관적으로 사용하고 있어요. 우리는 이러한 언어적 습관 때문에 인간은 마치 동물이 아니다라는 착각을 하게 만들어요.

이러한 어려움에도 불구하고 포기할 수 없는 것이 바로 동물 해방 운동이에요. 더디지만 변화는 이미 시작되었고, 실제로 지난 수십 년간 많이 변했어요. 점차 많은 사람들이 동참하고 있어요. 이제 사람들이 동물 실험을 거치지 않은 화장품을 선호하기 시작했고, 모피를 입지 않겠다는 영화배우, 모델 그리고 의상 디자이너들의 맹세가 줄을 잇고 있죠. 또한 동물 실험을 하지 않았다고 표시한 화장품들을 선호하고 있고, 채식 식당이 점점 늘어나고 있는 것만 봐도, 많이 달라지고 있다는 것을 느낄 수 있지 않나요?

에필로그

아이, 촌스러워.

내개가 뭐야 내개가! 야개도 그렇고 내개도 그렇고……. 사람들은 참 단순하다니까. 어쩜 이름을 그렇게 쉽게 지으려고 하지? 나는 내심 맑고 초롱초롱한 내 눈을 생각해서 초롱이라고 지어 주거나, 맨 처음의 이름대로 포춘이라고 지어 주길 바랐는데……. 어쨌든 내 이름은 다시 '내개'가 되었어. 떠돌이 생활을 마치고, 나는 윤진이 집에 와서 다시 귀여움을 받게 되었지. 그러게 인생은 살아 봐야 안다니까! 떠돌이 생활을 하면서 아이들에게 괴롭힘을 받을 때만 해도 이렇게 인생이 끝나는구나 하고 절망했었는데……. 다행히 윤진이네 집으로 와서 새로운 인생을 살게 되다니! 아, 정말 꿈만 같다. 그러니까 너희들도 절망할 일이 있으면 절망 대신 희망을 가져 봐. 인생은 살아 봐야 알 수 있는 거니까. 꼭 나쁜 일만 있는 건 아니야. 모든 일에 최선을 다하다 보면 꼭 좋은 일이 생기거든.

그렇다고 꼭 좋은 일만 생기는 것도 아니더라고. 윤진이와 윤석이가 나를 사랑해 주는 마음은 알겠는데 매일 나를 사이에 두고 싸우는 통에 머리가 지끈거려. 그리고 내 양팔을 자기 쪽으로 잡아당겨 어깨가 뻐근하다고. 이거, 파스라도 붙여야 되는 거 아니야?

어쨌든 행복한 비명이야~.

윤진이네 가족은 언제나 내 입장이 되어서 생각해 주는 따뜻한 마음을 가졌어. 내가 이곳에서 즐겁게 살아갈 수 있는 것은 바로 가족들의 따뜻한 배려 때문이야. 나를 애완동물 취급하는 것이 아니라 가족처럼 대해 준다니까. 사실 내가 이랬다저랬다 하는 것 같긴 하지만…… 예전의 주인보다 지금의 주인이 훨씬 날 생각하고 사랑하는 것 같아.

그래서 나도 사람들의 입장이 되어 생각하기로 했어. 사람들이 제일 싫어하는 것이 아무 곳에나 쉬를 하는 거거든. 그래서 나는 꼭 욕실 바닥에 쉬를 하지. 제일 좋아하는 사람이 윤진이 엄마더라고. 그리고 사람들이 즐거워하도록 꼬리를 좀 자주 흔들어 주고, 조금 귀찮기는 하지만 가끔 데굴데굴 굴러 주기도 해. 그러면 사람들이 박수를 치며 어찌나 좋아하던지. 나는 그런 사람들의 모습이 재미있어서 더 열심히 구르곤 하지. 조금 피곤하지만 말이야. 그리고 윤진이 아빠가 제일 좋아하는 것은 바로 퇴근할 때 제일 먼저 달려가 인사를 하는 거야. 윤진이와 윤석이가 꾸물거리는 틈을 타서 제일 먼저 달려가 현관을 지키고 서 있으면, 윤진이 아빠는 "내개가 나를 제일 좋아하는구나" 하면서 허허허 웃으시지. 너희들도 아빠가 퇴근하시면 하던 일을 멈추고 막 달려가 인사를 해 봐. 아빠가 아주 좋아하실걸? 뭐, 그 외에도 내가 사랑 받는 법이 여러 가지가 있는데 그건 다음에 가르쳐 줄게. 내가 지금 좀 바쁘거든. 그럼 오늘 하루도 즐겁게 지내 보자고! 멍멍!

통합형 논술
활용노트

01 다음 제시문을 읽고 답하세요.

(가)

반려동물(애완동물)을 기르는 가정의 비율은 22.6%고, 읍면지역(42.4%), 단독주택(41.%)에서 사육비율이 특히 높은 것으로 나타났다.

국립수의과학검역원은 17일 지난해 12월 한국갤럽에 의뢰해 실시한 '동물보호에 관한 국민의사 조사' 결과를 발표했다. 조사결과 대표적인 반려동물인 개·고양이 사육 가정 중 개만 기르는 가정은 93.6%(고양이 2.2%, 둘 다 4.2%)로 절대적인 개 선호현상을 보였다.

개를 사육하는 경우 '1마리 기른다'는 응답이 가장 많았고(67.9%), 가장 많이 키우는 사례는 한 가정에서 20마리를 키우는 경우도 있었다고 검역원은 밝혔다. 조사에 따르면 국민의 동물보호 태도는 적극적이어서 동물보호 정책이 필요하다고 생각하는 것으로 나타났다.

- 2007년 5월 9일 ○○신문 중

(나)

"그것은 동물을 도덕적으로 보지 않는 오래된 편견이야. 피터 싱어의 말대로라면 인종차별과 성차별처럼 종이 다르다는 이유로 인간과 동물을 차별하는 것은 종차별이라고 할 수 있지."

종차별이라고요? 인종차별은 많이 들었는데 종차별은 처음 들어보았습니다. 아무래도 파충류, 포유류 같은 걸 말할 때의 그 '종'인가 봅니다. "그렇다면 동물의 이익도 인간의 이익과 마찬가지로 평등하게 고려해야 하겠지? 우리가 토끼나 돼지와 같은 동물의 이익을 무시하고 인간의 이익만 중시할 경우, 우리는 정당한 이유 없이 단지 우리와 같은 종이 아니라는 이유만으로 또 하나의 차별, 즉 종차별을 행하고 있는 것이란다. 동물도 기쁨, 슬픔, 아픔을 느낄 수 있어. 그러니까 도덕적으로 생각해 볼 수 있는 존재란다."

― 《피터 싱어가 들려주는 동물 해방 이야기》 중

1. 여러분은 동물을 길러 본 적이 있나요? 동물을 기르면서 들었던 느낌을 자유롭게 적어 보세요.

2. 제시문(가)의 내용을 적절히 넣어서 제시문(나)에서 설명하는 동물의 이익에 대해 자신의 생각을 설명해 보세요.

02 제시문 (가)와 (나)가 말하는 정의는 성격이 다릅니다. 각각의 입장을 비교하면서 설명해 보세요.

(가)

"하지만 만약에 식물이 고통을 느낀다는 결정적인 증거가 나타난다면 어떨까요? 그때는 식물도 이익을 가지고 있으니까 우리는 동물은 물론이고 식물도 먹어서는 안 되잖아요. 그러면…… 우리는 굶어 죽을 것 같은데……."

나는 슬그머니 걱정이 되었습니다.

"그렇지 않아. 우리가 생존하기 위해서 존재하는 다른 것들에게 불가피하게 고통을 줄 수밖에 없다면, 우리는 되도록이면 상대적으로 고통이 적은 것을 선택하면서 살아가야 할 거야. 설사 식물이 고통을 느낀다는 것이 밝혀진다고 해도 식물은 동물에 비하면 고통을 훨씬 덜 느끼겠지?"

— 《피터 싱어가 들려주는 동물 해방 이야기》 중

(나)

피가 나도, 맞아도, 칼에 찔려도 아무런 감각을 느끼지 못하는 '무통증'

이란 병이 있다. 무통증에 걸리면 아픔을 느끼는 통증, 뭔가에 눌리는 압박감, 차갑고 뜨거움을 느끼는 온도감 등 고통을 전달해주는 신경 통로가 고장 나 무감각한 상태에 있게 된다. 이 병은 주로 뇌의 기능 문제로 발생하는 경우가 많고, 신경 통로가 잘못된 것이기 때문에 수술도 불가능하다. 그래서 무통증 환자들은 죽을 때까지 아무런 감각을 느끼지 못하고 살아갈 수밖에 없다.

– 2007년 10월 29일 ○○○ 신문 중

(다)

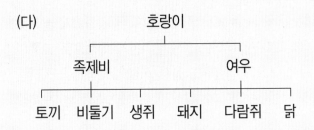

1. (가)에 나타난 피터 싱어의 주장과 근거를 읽고 (나)의 내용을 바탕으로 피터 싱어와 다른 입장에 서서 비판해 보세요.

2. (다)처럼 먹이사슬로 얽혀 있는 생태계 구조와 관련하여, 피터 싱어 주장에 대한 여러분의 의견을 말해 보세요.

다음의 글을 읽고, 핵심 내용을 300자 내외로 요약해 보세요.

나의 유전자의 생존은 내가 자손을 갖는지의 여부에 따라 결정된다. 다른 모든 조건이 동등하다면 진화는 나의 자식의 생존과 번식을 증진시킬 수 있는 행위를 선호할 것이다. 이와 같은 점을 고려해 본다면, 부모가 자식에 대해 관심을 갖는 것이야말로 진화가 이타성을 산출할 수 있는 가장 중요하고도 확실한 방법이다. 유전적으로 가까운 혈연을 돕고자 하는 성향, 이것이 바로 혈연이타성의 기초를 이룬다. 따라서 공동체 일반에 대해 관심을 갖기보다는 가족에 대해 관심을 갖는다는 것은 인간의 기본적인 성향이라고 할 수 있으며, 그러한 관심은 생물학적으로 따져 볼 때 충분한 이유가 있는 것이다.

물론 인간의 기본적인 성향이 모두 덕으로 간주되는 것은 아니다. 하지만 가족에 대한 관심이 대부분의 인간 사회에서 도덕적 탁월성의 지표가 되는 이유는 무엇일까? 사회가 공동체 내의 다른 사람들의 이익보다 자녀들의 이익을 앞세우는 것을 단순히 허용하는 데에 그치지 않고 심지어 칭송하기까지 하는 이유는 무엇인가? 그것은 단순히 가족에 대한 관심이 보편성을 지니며 강렬하기 때문만은 아닐 것이다. 즉, 가족을 돌보았을 때에 얻어지는 사회 전체의 이익 때문에도 가족에 대한 관심은 칭송 받고 있는 것이다. 가정에서 아이들이 제대로 양육될 수 있고 청결을 유지할 수 있으며 적절히 보호될 수 있다는 것을 알게 될 경우, 또한

환자가 간호를 잘 받고 노인들이 관심의 대상이 된다는 것을 알게 될 경우 가족이 없었다면 공동체 자체가 짊어져야 했을 문제들을 가족은 자연스러운 애정의 결속을 통해 스스로 처리하게 될 것이다.

가족에 대한 관심이 모르는 사람들의 복리에 대한 관심보다 훨씬 강하다면, 가족의 이익을 더 소중히 여기는 성향을 인정하는 윤리적 규칙을 채택하는 것이야말로 모든 가족의 복리를 증진시키는 최선의 방책이 될 것이다. 아울러 이는 궁극적으로 공동체 전체의 복리를 증진시키는 최선의 방책이 될 것이다.

— 피터 싱어, 《사회생물학과 윤리》 중

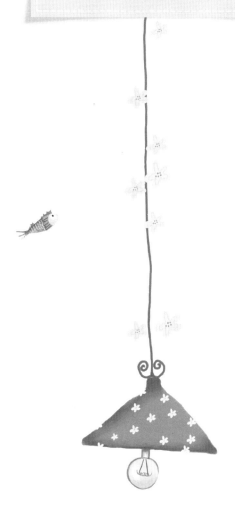

통합형 논술
문제풀이

01 1. 우리 집은 강아지를 1년 전부터 키우고 있습니다. 털이 날리고 짖는 소리 때문에 이웃집에 피해를 준다고 하였지만 강아지를 동생처럼 키우고 싶어서 분양을 받았습니다. 처음에는 강아지가 집 안에 있는 것이 낯설고 이상했습니다. 그러나 나를 졸졸 따르는 강아지가 예뻐 보이고, 재롱부리는 것을 보니까 너무 귀여웠습니다. 하지만 가끔 아무 데나 볼 일을 보면 뒤처리를 해야 하는 게 귀찮을 때도 있습니다. 그래도 다른 사람들에게 피해를 줄까 봐 잘 보살펴 주었습니다. 한번은 강아지가 자동차에 치일 뻔해서 기사 아저씨에게 크게 혼이 난 적도 있습니다. 그 일이 있은 후로 정말 친동생처럼 조심해서 보살펴 주고 있습니다. 지금 우리 강아지는 두 살이 다 되어 갑니다. 계속 튼튼하게 자랐으면 좋겠습니다.

2. 오래전부터 집에서 동물을 기르긴 했습니다. 일상생활의 한 부분이자 가족으로 느끼기보다 생계 수단으로서 가축을 기른 것입니다. 하지만 지금은 동생처럼 가족 구성원의 하나로 생각하면서 집 안에서 동물을 기르는 사람이 많이 생겼습니다. 동물 애호가도 많아지고, 사람들은 동물들이 받는 고통을 외면하지 않고 동물 윤리를 주장하기도 합니다. 그중에 피터 싱어는 동물도 인간처럼 똑같이 기쁨과 슬픔을 느끼기 때문에 괴롭혀서는 안 된다고 하였습니다. 기쁨과 슬픔을 느낄 수 있는 존재는 모두 도덕적으로 생각해 보아야 하기 때문입니다. 사람도 몸 어딘가를 다치거나 누군가에게 충격을 받으면 아픔을 느끼는 것처럼 동물도 마찬가지로 외부 자극을 받으면 인간처럼 아파합니다. 그러나 사람들은 그것을 생각하지 못하고 동물을 괴롭히고 동물을 이용해 끊임없이 실험하고 연구합니다. 그렇다고 지금 당장 동물들을 풀어 주거나, 육식을 하는 식습관을 바꾸는 것은 쉽지 않은 일입니다. 하지만 우리가 인간을 생각하듯 동물을 윤리적으로 대하는 노력을 천천히 실천한다면 동물들이 고통받지 않을 권리를 점차 넓혀 나갈 수 있습니다.

02 1. 고통을 느끼는 존재는 이익을 가집니다. 따라서 최대의 공리를 위해 전체 고통을 줄이려면 고통을 가장 적게 느끼는, 혹은 느끼지 못하는 식물만 먹어야 합니다. 그것이 피터 싱어가 채식을 주장하는 근거입니다.

피터 싱어의 주장대로라면 (나)에서 말하는 무통증 환자들은 고통을 느끼지 못하므로 이익이 없습니다. 따라서 누군가 그들을 괴롭히거나 심지어 죽인다고 해도 전체 이익에는 아무 영향이 없습니다. 그렇다면 무통증을 앓는 사람들은 동물보다 못한 대접을 받아도 되는 것일까요? 고통을 느낄 수 없는 무통증 환자들은 존중 받을 자격이 없는 걸까요?

동물이든 식물이든 그 생명의 가치는 동등합니다. 살아 있는 것 자체만으로 존중 받을 가치를 가지고 있기 때문입니다. 한 포기의 잡초도, 한 마리의 짐승도, 한 명의 인간도, 그들의 생명 자체를 갖고 우열을 가릴 수는 없습니다.

2. 피터 싱어는 고통을 줄여 이익을 높이려면 채식을 해야 한다고 주장합니다. 하지만 자연 생태계는 피터 싱어의 말처럼 이루어져 있지는 않습니다. 특히 (다)의 호랑이가 살아가려면 족제비, 여우 같은 동물들이 더 많이 있어야 합니다. 또 그러려면 토끼, 비둘기 등의 동물들이 그보다 더 많이 있어야 합니다. 이들 중 일부는 잡아먹히고, 일부는 살아남아 다음 세대로 이어집니다. 호랑이가 살아가기 위해선 이렇게 많은 동물들이 잡아먹혀야 되고, 이것은 곧 자연적인 생태계 흐름을 보여 주는 것입니다.

인간도 호랑이와 마찬가지로, 먹고 먹히는 사슬 관계에 놓여 있습니다. 가축의 대량 사육은 그만큼 인구가 많아졌기 때문에 어쩔 수 없이 이루어지는 일입니다. 다만 우리가 노력해야 할 점은 억지로 채식이나 육식, 어느 한쪽만 고집하며 식단을 짜는 것보다, 자신의 체질에 맞게 편중되지 않은 식생활을 함으로써 전체적인 균형을 맞춰 나가는 것입니다.

03 자신과 동일한 유전자를 지닌 가족에 대해 우선적으로 관심을 가지는 것은 인간의 타고난 본능입니다. 이러한 본능 그 자체는 도덕적인 선으로 볼 수 없지만, 사랑으로 서로 돌보는 가족은 가족 구성원들에게 뿐만 아니라 이 가족이 모여 구성되는 사회 공동체에도 긍정적인 영향을 미칩니다. 따라서 가족의 유대를 높일 수 있는 윤리 규칙을 만들어 가족의 복리는 물론이고 사회 전체의 복리를 증진하는 방안이 마련되어야 합니다.